本书为教育部人文社会科学研究规划基金项目"农民合作社内部交易关系的构成与异变机理研究"（20YJA790030）最终成果

农民合作社交易关系的构成、异变与治理研究

黄胜忠　雷一峰 ◎ 著

知识产权出版社
全国百佳图书出版单位
—北京—

图书在版编目（CIP）数据

农民合作社交易关系的构成、异变与治理研究 / 黄胜忠，雷一峰著 . —北京：知识产权出版社，2024.1

ISBN 978-7-5130-9137-4

Ⅰ.①农… Ⅱ.①黄… ②雷… Ⅲ.①农业合作社—研究—中国 Ⅳ.① F321.42

中国国家版本馆 CIP 数据核字（2023）第 252779 号

责任编辑：雷春丽　　　　　　　　　责任校对：谷　洋
封面设计：乾达文化　　　　　　　　责任印制：孙婷婷

农民合作社交易关系的构成、异变与治理研究
黄胜忠　雷一峰　著

出版发行：知识产权出版社 有限责任公司	网　　址：http://www.ipph.cn
社　　址：北京市海淀区气象路50号院	邮　　编：100081
责编电话：010-82000860转8004	责编邮箱：leichunli@cnipr.com
发行电话：010-82000860转8101/8102	发行传真：010-82000893/82005070/82000270
印　　刷：北京建宏印刷有限公司	经　　销：新华书店、各大网上书店及相关专业书店
开　　本：720mm×1000mm　1/16	印　　张：12
版　　次：2024年1月第1版	印　　次：2024年1月第1次印刷
字　　数：170千字	定　　价：78.00元
ISBN 978-7-5130-9137-4	

出版权专有　侵权必究
如有印装质量问题，本社负责调换。

序　言

农民合作社是我国政府重点关注的对象之一，自2004年以来，连续20个中央一号文件（2004年至2023年）对农民合作社寄予厚望，并作出了有关部署。在党和国家政策的支持下，农民合作社得到了蓬勃发展。然而，在发展的同时，随着市场不断开放、农业产业化和一体化的发展，农民合作社的所有权边界与经营权边界也发生了相应调整和变革，从而"异变"[1]出一些新型的农民合作社，如股份合作社[2]、比例合作社[3]、再造合作社[4]以及新一代合作社[5]等。异变的农民合作社没有遵循国家对农民专业合作社发展须形成专业化、组织化、系统化、社会化发展的既定目标前进，打破了人们对农民合作社的传统认知。如何解释异变的农民合作社？异变的农民合作社该采取什么样的治理机制实现可持续发展？这些问题的回答有助于让这些富有本土实践特色的农民合作社切实发挥作用。

针对上述问题，本书在综合分析国内外相关农民合作社研究的基础上，运用交易价值理论、交易成本理论、博弈论等理论，从农民合作社交易关系的视

---

[1] 早期传统的农民合作社（规范意义上的农民合作社）具有四大原则：共同出资、共同经营、共担风险、共享利润，体现在内部交易关系上就是业务交易关系与治理交易关系的高度合一。然而，随着农民合作社的不断发展与演变，业务交易关系与治理交易关系分离的场景日益明显。鉴于此，本书所指的农民合作社内部交易关系的异变是指业务交易关系与治理交易关系出现分离或者错位。

[2] 郑永君，王美娜，李卓.复合经纪机制：乡村振兴中基层治理结构的形塑：基于湖北省B镇土地股份合作社的运作实践[J].农业经济问题，2021（5）：33-44.

[3] 刘冬文.农民专业合作社融资困境：理论解释与案例分析[J].农业经济问题，2018（3）：78-86.

[4] 朱富强.再造农业合作社：林毅夫的合作社失败命题之重审[J].社会科学研究，2012（2）：20-26.

[5] 陈宗楠，毛飞，孔祥智.欧美农民合作社融资经验及对中国的启示[J].农村金融研究，2020（3）：36-42.

角入手，系统研究了我国农民合作社的异变现象，其中主要内容包括"农民合作社内部交易关系的构建""农民合作社内部交易关系的异变"以及"农民合作社内部交易关系异变的适应性治理机制"。本书旨在分析异变背后的深层次原因，从而形成对农民合作社异变的理论解释，为促进农民合作社健康持续发展提供决策参考。此外，在注重理论研究的同时，本书研究内容紧密结合我国农民合作社的发展实践，在一定程度上反映了"农民合作社异变研究"的最新成果，可供从事农民合作社的管理人员与技术人员等实践领域人士，以及科研机构的研究人员、高等院校的教师和学生参考使用。

黄胜忠

2023 年 7 月

目 录

第一章 绪 论 ··· 1
 第一节 研究背景与研究问题 ··· 1
 第二节 研究目的与研究意义 ··· 3
 第三节 研究思路与主要内容 ··· 5
 第四节 研究特色与创新之处 ··· 8

第二章 基本理论与文献述评 ·· 11
 第一节 合作社的质性规定 ·· 12
 第二节 合作社制度安排及其基础 ································· 17
 第三节 农民合作社交易关系治理与绩效考察 ················ 25

第三章 农民合作社的发展现状 ······································· 42
 第一节 合作社成员构成与经营内容多元化 ··················· 42
 第二节 合作社再联合发展趋势明显 ····························· 45

第四章 农民合作社内部交易关系的构建 ························ 48
 第一节 农民合作社内部交易关系的构建主体 ················ 48
 第二节 农民合作社内部交易关系的构成内容 ················ 66

第五章　农民合作社内部交易关系的异变 ································ 74
第一节　农民合作社内部交易关系异变的图景 ······················ 74
第二节　农民合作社内部交易关系异变的机理 ······················ 80
第三节　内部交易关系异变对农民合作社绩效的作用机理 ········ 84

第六章　农民合作社内部交易关系异变的适应性治理机制 ········ 89
第一节　内部交易关系异变下的非货币资本作价出资机制 ········ 89
第二节　内部交易关系异变下的信任困境与混合治理机制 ······ 104
第三节　内部交易关系异变下的风险分担与盈余分配机制 ······ 120

第七章　农民合作社的外部交易关系分析 ······························ 135
第一节　外部业务交易关系下农民合作社与超市对接中的利益分析 ····· 136
第二节　业务与治理交易关系融合下农民合作社的再联合 ······ 151

第八章　总结与展望 ·· 165
第一节　研究结论 ·· 165
第二节　研究展望 ·· 166

参考文献 ··· 168

第一章 绪 论

第一节 研究背景与研究问题

党的十九届五中全会提出，健全农业专业化社会化服务体系，发展多种形式适度规模经营，实现小农户和现代农业有机衔接。❶作为衔接农户与现代农业发展的重要载体，农民合作社通过向农户社员提供原材料的购买、农产品的生产加工以及销售等服务，在帮助农户降低生产成本与获取规模收益等方面发挥了积极作用，是农村社会经济发展中不可替代的重要组织。为此，自2004年以来，连续20个中央一号文件（2004年至2023年）对农民合作社寄予厚望并作出了有关部署。在党和国家政策的支持下，农民合作社得到了蓬勃发展。据浙大卡特-企研中国涉农研究数据库显示，截至2022年底，我国存续农民合作社数量达到224.36万家；2022年全年新增合作社12.15万家。❷在蓬勃发展的同时，随着市场不断开放、农业产业化以及一体化的发展，人们对于农产品需求的日益多样化，以及对食品的健康与安全的关注，农民合作社的所有权边界与经营边界也发生了相应调整和变革，从而"异变"出一些新型合作

---

❶ 农业农村部.农业农村部关于加快发展农业社会化服务的指导意见［Z/OL］.（2021-07-07）［2023-12-11］.https://www.gov.cn/zhengce/zhengceku/2021-07/16/content_5625383.htm.

❷ 浙大卡特-企研中国涉农研究数据库.我国农民专业合作社地区&行业分布情况［EB/OL］.（2023-03-07）［2023-12-11］.https://zhuanlan.zhihu.com/p/611931929.

社，如股份合作社、比例合作社、再造合作社以及新一代合作社等。

新型合作社的出现使我国农民合作社的发展出现如下趋势：一是农民合作社呈现浓厚的股份化色彩。笔者通过大量的实地调研发现，资源禀赋差异使农民合作社成员的要素投入、参与目的、风险承担及对社贡献均有所不同，进而形成异质性的社员结构。一般而言，生产大户、运销大户、村社干部、基层农服组织、基层供销社、龙头企业等主体通常充当核心社员，多数农户则为普通社员。进而，农民合作社的主流形式是：核心社员先合作并充当发起人，且在合作社中兼具经营管理者和大股东的双重角色，然后是核心社员与普通社员之间的联合，其中部分普通社员入股，部分普通社员不入股。这种杂糅各种要素惠顾的农民合作社大多力图突破典型合作社的一些基本特征，持股未必均衡，分配上更是多以按股分红为主，从而导致股份制色彩浓重。二是涌现出大量没有交易量的股份合作社。从2013年发布的中央一号文件开始，政府文件中便纷纷以更具包容性的"农民合作社"一词替代了"农民专业合作社"，以倡导发展多元化、多类型的合作社，尤其是将"股份合作社"并列于"专业合作社"，且以"农民合作社"统御两者，这使合作社社员试图改变合作的形式、内容及层次。因此，除了农民专业合作社以外，土地股份合作社、农机合作社、劳务合作社、旅游合作社等大量新形态的合作社纷纷涌现，然而，这些新型合作社大多是没有产品交易的股份合作社。❶

针对农民合作社发展的趋势，如下问题值得进一步探究：首先，应该如何看待我国农民合作社呈现浓厚股份化色彩的鲜明特征？带有浓厚股份化色彩的合作社还能被视为合作社吗？其次，应该如何解释农民合作社股份化现象？最后，不同类型的股份化合作社又该采取什么样的治理机制实现可持续发展？这些问题的回答有助于让数量庞大、涉及面广、类型繁杂、富有本土实践特色的

---

❶ 张益丰，孙运兴. 社区型合作社发展的现实困境与创新实践：以山东莱州金丰合作社"四维一体"发展模式为例[J]. 新疆社会科学，2020（3）：42-52.

农民合作社切实发挥作用。这既是国家乡村振兴战略的重大需求,也是上亿农民参与新型农业经营体系构建的现实需要。

考虑到农民合作社作为一种基于交易的制度安排,其本质是交易关系的集合。[1]因此,解构农民合作社交易关系的构成,厘清农民合作社交易关系的异变机理,提出农民合作社交易关系异变的适应性治理机制有助于解决上述问题。进而,本书构建"交易关系构成 – 交易关系异变 – 交易关系治理"的研究框架,具体研究以下问题:(1)从农民合作社惠顾者的维度,解析资源能力影响下农民合作社交易关系的构成内容,为科学探讨农民合作社异化现象背后的深层次逻辑关系提供理论依据;(2)立足于刻画农民合作社交易关系异变的图景,从交易价值、交易成本与交易风险三者联动的角度探寻交易关系异变的机理,从而形成对农民合作社异变的理论解释;(3)借助博弈论,建立农民合作社惠顾者间的博弈模型,探究适合不同类型惠顾者特点的博弈决策,分析影响农民合作社有效运行的可管理的理性要素,进而提出与农民合作社交易关系构成匹配的适应性治理机制。

第二节 研究目的与研究意义

一、研究目的

本书针对我国农民合作社的发展趋势——农民合作社呈现浓厚的股份化色彩、涌现出大量没有交易量的股份合作社,来分析背后深层次的原因,形成对农民合作社异变的理论解释,进而提出适应性治理机制,为促进农民合作社

---

[1] 崔宝玉,刘丽珍.交易类型与农民专业合作社治理机制[J].中国农村观察,2017(4):17–31.

健康持续发展提供决策参考与借鉴。为此，本书基于交易价值理论、交易成本理论、网络理论、演化理论、治理理论、社会资源理论等理论，以农民合作社交易关系为研究对象，建构"交易关系构成－交易关系异变－交易关系治理"的研究框架，总结和提炼农民合作社交易关系的构成内容、交易关系异变机理、交易关系的适应性治理机制。

二、研究意义

本书具有理论与实践两方面的研究意义。

（一）理论意义

第一，农民合作社的发展是经由交易关系的建构与保持，以获取资源的过程。因此，从交易关系角度，本书解释农民合作社成长的逻辑与规律，重点解析农民合作社交易关系的构成内容、揭示农民合作社交易关系的异变机理、设计农民合作社交易关系异变的适应性治理机制，这有助于丰富对合作社的科学认识。第二，传统农民合作社研究以社员同质性为暗含前提，[1]并且主要关注的交易关系是业务交易关系，[2]基于此所形成的农民合作社理论日益缺乏解释力，尤其是难以对股份化色彩浓厚的合作社提供理论指导。鉴于此，本书针对股份化的合作社，从业务交易关系与治理交易关系两个方面，审查农民合作社的内部交易关系，在一定程度上，可以丰富对农民合作社运行内在机理的科学认识，从而为农民合作社研究提供新的研究视角。第三，针对股份化色彩浓厚的合作社，学界更多的是从合作社本质规定的维度探讨其是否属于真正的合作

---

[1] 邓宏图,麂媛媛.同质性农户、异质性大户、基层政府与合作社：经济解释与案例观察[J].中国经济问题,2014（4）：88-97.

[2] 邓衡山,孔丽萍,廖小静.合作社的本质规定与政策反思[J].中国农村观察,2022（3）：32-48.

社，❶缺乏对股份化色彩浓厚的合作社应该如何进行治理的分析。不可否认的是，这些合作社并非伪形的合作社，而是富有中国本土特色的创新形态。❷为此，更需要探究适应性的治理机制，以让这些合作社切实发挥助农、兴农作用，而这正是本书的研究目的之一。

（二）实践意义

第一，本书旨在从农民合作社惠顾者的维度，解析资源能力影响下农民合作社交易关系的构成内容。因此，有助于启发参与者加强对农民合作社内部交易关系建构的规划和管理，以及为如何借助农民合作社获取资源能力提供参考。第二，目前学界多从合作社本质规定的维度对新型合作社进行探讨，缺乏对背后成因的分析，更不用说探究其适应性的治理机制，这正是撰写此书的动力之一。鉴于此，本书有助于对已有农民合作社教育和辅导形成补充，突出农民合作社交易关系可变化及可管理的逻辑，从而提升农民合作社教育和辅导的针对性与实操性。第三，当前关于我国农民合作社发展的政策支持针对性和有效性不足，有限的支持主要体现为财政项目方面的物质支持，未能对农民合作社的制度建构和文化培养提供指导与帮助。因此，研究农民合作社交易关系的构成、异变与治理，有助于相关部门、机构构建针对农民合作社需求与管理实践的政策体系，提高农民合作社的健康可持续发展能力。

第三节 研究思路与主要内容

本书立足于农民合作社成长过程中交易关系的构成、异变与治理，基于合

---

❶ 邓衡山，王文烂. 合作社的本质规定与现实检视：中国到底有没有真正的农民合作社[J]. 中国农村经济，2014（7）：15-26，38.
❷ 徐旭初，吴彬. 异化抑或创新：对中国农民合作社特殊性的理论思考[J]. 中国农村经济，2017（12）：2-17.

作社惠顾者资源能力建构合作社的业务与治理两类交易关系，交易关系会在交易价值、交易成本与交易风险三者的联动作用下发生异变，提高合作社绩效需要适应性的治理机制发挥作用。基于上述基本假定，拟重点探讨三个问题：在惠顾者资源能力的影响下，农民合作社将建构什么样的交易关系？农民合作社交易关系如何在交易价值、交易成本和交易风险三个要素的联动作用下发生异变？进而，针对农民合作社交易关系的构成内容，适宜采用什么样的机制进行治理以提高农民合作社的绩效？

本书以农民合作社交易关系为研究对象，建构"交易关系构成 – 交易关系异变 – 交易关系治理"的研究框架，研究农民合作社交易关系的构成内容、交易关系异变机理、交易关系的适应性治理机制，全书共分为八章，主要包括以下内容：

第一章：绪论。首先，介绍本书的研究背景，进而引出本书要探究的核心问题；其次，明确本书的研究目的与研究意义，阐述本书的研究价值，以突出本研究的重要性；再次，基于核心研究问题，梳理本书的研究思路与主要内容；最后，阐述本书的研究特色与创新之处。

第二章：基本理论与文献述评。本书的研究属于"农民合作社"专业领域的研究，其核心问题是农民合作社交易关系的构成内容、异变机理以及治理机制。基于此，本书首先评述"合作社的质性规定"，为研究农民合作社交易关系的构成内容奠定理论基础；其次，为梳理合作社交易关系的异变机理，本书系统回顾"合作社制度安排及其基础"；最后，以农民合作社交易关系的治理机制为导向，对交易关系异变的绩效进行考察。

第三章：农民合作社的发展现状。从合作社成员构成与经营内容多元化、合作社再联合发展趋势明显两方面阐述当前农民合作社的发展现状，为研究农民合作社交易关系的构成内容、异变机理以及治理机制提供现实依据，突出本书研究问题的现实意义。

第四章：农民合作社内部交易关系的构建。本章分析了农民合作社内部交易关系的构建主体——惠顾者。各种拥有合法性利益的个人、群体以及组织都可以选择是否参与交易关系的构建，并成为农民合作社的惠顾者。一般而言，在农民合作社内部交易关系构建的过程中，资源能力的差异导致惠顾者的投入、参与目的、对合作社的贡献以及承担的风险不同，从而形成不同类型的惠顾者。在此基础上，挖掘农民合作社在面对不同类型惠顾者的能力资源条件时，需要探索建构什么类型的交易关系，并且进一步分析相关因素对农民合作社内部交易关系内容构建的影响。

第五章：农民合作社内部交易关系的异变。本章分析了农民合作社内部交易关系如何异变。在传统农民合作社中，收益权与控制权具有一致性，主要体现在：共同出资、共同经营、共担风险、共享利润。体现在内部交易关系上，就是业务交易关系与治理交易关系高度合一。然而，随着农民合作社惠顾者理性的行动积累，业务交易关系和治理交易关系的分离日益明显，从而使内部交易关系发生异变。为此，在界定交易关系异变的基础上，以组织演化理论为基础，考察农民合作社内部交易关系的异变图景，探寻交易关系异变的机理，进而揭示交易关系异变对农民合作社绩效的作用机理。

第六章：农民合作社内部交易关系异变的适应性治理机制。在农民合作社，面对外部市场的不确定性与惠顾者资源能力不对等等问题，惠顾者需要在不同交易关系的治理上寻求平衡与协调。因此，交易关系适应性治理机制的选择可能更具独特性。为此，从事前、事中、事后三个维度，针对农民合作社成立之初非货币资本作价出资、农民合作社运营过程中的信任困境与混合治理、农民合作社的事后经营风险分担与盈余分配，探讨了适应性治理机制。

第七章：农民合作社的外部交易关系分析。在复杂的市场环境中，作为独立的主体，单个农民合作社存在抗风险能力不够、市场竞争力较弱以及盈利能力偏低等问题。为此，按照农民合作社组建的原则和理念，农民合作社与外部市场主体对接以及通过再联合组建联合社，成了农民合作社扩大和提升实力的重要方式。鉴于此，以农民合作社外部交易关系形成为视角，选取具有代表性的农民合作社与超市对接的产销对接模式以及农民合作社联合社进行分析。如何使各方对接者的利益得到保障，是新型产销对接模式能够开展的重要保证。为此，本章借助博弈论分析了不同对接者的利益均衡，以期为各类对接者提供决策参考。

第八章：总结与展望。总结全书，指出本书研究的结论与不足，同时对后续研究进行展望。

第四节　研究特色与创新之处

一、研究特色

本书的特色体现在：通过构建"交易关系构成 – 交易关系异变 – 交易关系治理"研究框架，对农民合作社交易关系进行系统分析。具体来说，从农民合作社惠顾者维度，解析资源能力影响下农民合作社交易关系的构成内容；从交易价值、交易成本与交易风险三者联动的角度，刻画农民合作社交易关系异变的图景，探寻交易关系异变的机理；借助博弈论，建立农民合作社惠顾者间的博弈模型，探究适合不同类型惠顾者特点的博弈决策，分析影响农民合作社有效运行的可管理的理性要素，提出与农民合作社交易关系构成匹配的适应性治理机制。

二、创新之处

本书的创新之处主要体现在三个方面。

(一)探究农民合作社内部交易关系的建构逻辑

已有研究较多地从产品交易角度解读农民合作社内部交易关系的构成,侧重关注惠顾者与合作社的交易内容,鲜有研究关注惠顾者之间构建的包含丰富内容的内部交易关系。农民合作社的形成是历经人格化交易向非人格化交易转变的过程,内部交易关系的构成内容首先要受到惠顾者资源能力的影响。因此,挖掘农民合作社内部交易关系的构成内容需要在考虑惠顾者的能力资源条件下探索构建什么类型的交易关系。鉴于此,在农民合作社呈现浓厚股份化色彩的发展趋势下,将农民合作社中惠顾者间的交易关系区分为:业务交易关系和治理交易关系;挖掘农民合作社业务交易关系与治理交易关系的建构逻辑;分析产品特性与制度环境对交易关系内容构建的调节影响。

(二)剖析农民合作社部内交易关系的异变图景及机理

农民合作社交易关系构成内容的异变是惠顾者理性行动积累、驱动的过程,这就需要深入探究不同惠顾者如何推动并管理交易关系的异变。业务交易关系和治理交易关系的收益权、控制权是一致的,这在早期的传统合作社中体现得尤为明显。这种合作社有四大原则:共同出资、共同经营、共享利润、共担风险。体现在交易关系上,就是业务交易关系与治理交易关系高度合一。然而,在农民合作社交易关系的不断演化中,业务交易关系和治理交易关系的分离日益明显。鉴于此,在界定交易关系异变的基础上,本书以组织演化理论为基础,运用理论分析方法和多案例研究方法,考察农民合作社交易关系的异变图景,探寻交易关系异变的机理。

(三)提出农民合作社内部交易关系的适应性治理机制

在具有不确定性和丰富内容的内部交易关系中,选择恰当治理机制是管理和维持农民合作社交易关系以推动农民合作社发展的重要手段。然而,现有研究未能对"农民合作社怎样的内部交易关系适宜采用哪种治理机制"这一问题给予合理的解释。为此,本书在农民合作社内部交易关系的不同构成情境下探寻适应性的治理机制,并深入探讨惠顾者在不同治理机制上的行为博弈,以及治理机制的运行机理,以期形成如何管理农民合作社交易关系的理论与对其实践的解释。

第二章 基本理论与文献述评

对农民合作社的研究，国外有关研究在内容上经历了一个从寻求其存在合理性解释，到对其组织制度进行深入剖析，再走向关注在新的经济社会技术条件下其市场行为和内部结构的应对和调整的过程，从研究其外部经济影响向解决合作社组织内部协调管理问题转移。近年来，许多学者吸纳了新制度经济学、组织理论以及博弈论等研究成果，采用实证方法研究合作社的内部制度安排及其效率以及变革态势，研究领域涉及合作社的组织结构变迁、治理机制改善、融资模式创新、经济效应测算以及在农村社区发展中的角色等多个方面。与农民合作社发展的实践相伴随，国内学界对农民合作社的发展现状、制度特征、存在问题、政府扶持以及在发展现代农业、新农村建设、扶贫开发中的作用等问题都进行了比较深入的研究。

农民专业合作社是一种特殊的经济组织形式，它具有独特的组织结构、决策机制和利益分配方式。只有深入理解合作社的运作模式和组织特点，才能准确把握交易关系的发展和变化，因而需要对合作社以及相关研究脉络有一个清晰的认识。因此，本部分内容首先回顾对于合作社质性规定[1]的相关研究，总结对合作社质性认识的不同观点。其次，分析合作社制度安排中的出资、决策及分配问题，探讨合作社交易关系在这三个层面的异化体现。最后，总结领域内针对合作社治理，特别是针对业务交易关系和治理交易关系的研究。由于研

---

[1] 合作社的本质或者内涵。

究合作社交易关系异化治理必须厘清异化结果和方向，有必要针对异化绩效进行评价研究，因此本部分回顾了对合作社绩效评价的相关研究。

第一节 合作社的质性规定

合作社具有民主自治、公平共享、风险分担和互助合作的特点，成员都有平等的权利和义务，在合作社中享有决策参与和利益分享的权益。同时，合作社也承担共同的风险和责任，需要通过合作和团结来实现共同目标。合作社在许多国家和领域都得到广泛应用，是一种重要的组织形式，能够促进经济发展、增加社会福利和提高生活质量。合作社的目标通常是提高成员的经济收入、改善生活条件或满足特定需求。其运作方式根据不同的合作社类型和领域而有所差异，例如农民合作社可以让农民集体耕种土地、购买农业用品、统一销售农产品，从而降低成本、增加收入；消费合作社则可以通过集体采购商品、提供优惠价格给会员等方式，让会员获得更高的消费权益。

合作社的本质是什么？从定义来看，国际合作社联盟通过的《关于合作社特征的宣言》指出，合作社是由自愿联合的人们，通过其共同拥有和民主控制的企业，满足他们共同的经济、社会和文化需要以及理想的自治联合体。这个定义，尽管明确了合作社的企业性质，但同时认为合作社不同于一般企业，是一个能够满足成员多元化需求，即经济、社会、文化以及理想的自治共同体。我国 2006 年颁布 2017 年修订的《中华人民共和国农民专业合作社法》（以下简称《农民专业合作社法》）规定：农民专业合作社，是指在农村家庭承包经营基础上，农产品的生产经营者或者农业生产经营服务的提供者、利用者，自愿联合、民主管理的互助性经济组织。虽然国内外对于合作社及其功能的认识和定义有所差别，但是普遍认为合作社在本质上有别于一般意义上的企业，其组织形式是建立一种互惠和互利的经济组织，这一共识则是随着合作社的发展和完善而逐渐形成的。结合刘西川和徐建奎的研究，可以用原则论、身份论、

企业论、交易额论及混合论五种论点来概括学界对合作社性质的认识。❶

一、原则论

原则论是指根据国际合作社联盟关于合作社的界定标准以及合作社基本原则的演进趋势归纳出合作社的本质规定。纵观国际合作社原则 170 余年的历史流变，其始终恪守的一些最为根本的原则主要体现为"成员民主控制""资本报酬有限"和"按惠顾额返还盈余"三大原则，它们依次对应着合作社的控制权（或治理权）、所有权和收益权，以此确保合作社的组织底线。考虑到资本报酬有限与按惠顾额分配盈余实际上是同一枚硬币的两面，合作社必须坚持的原则是按惠顾额分配盈余和成员民主控制，这就是合作社的本质规定。西尔瓦（Silva）等认为农业合作社被视为传统资本主义商业模式的可行替代方案，它将合作社体系的特殊特征（如社会目的和集体工作）与资本经营的积极特征（如价值创造、商业模式）相结合，其治理需要遵循五项原则：自我管理、正义感、透明度、教育以及可持续性。❷

二、身份论

身份论是指从社员身份来观察合作社，并认为合作社的内在规定性就是"所有者与惠顾者同一"，即合作社的社员既是合作社的控制者又是合作社服务的享有者。❸张益丰和孙运兴论证了合作社必须坚持"所有者与惠顾者同一"

---

❶ 刘西川，徐建奎. 再论"中国到底有没有真正的农民合作社"：对《合作社的本质规定与现实检视》一文的评论［J］. 中国农村经济，2017（7）：72-84.

❷ SILVA F F D, BAGGIO D K, SANTOS D F L. Governance and performance model for agricultural cooperatives［J］. Estudios Gerenciales, 2022, 38（165）：464-478.

❸ 邓衡山，王文烂. 合作社的本质规定与现实检视：中国到底有没有真正的农民合作社［J］. 中国农村经济，2014（7）：15-26, 38.

的本质规定。❶ "所有者与惠顾者同一"这一个标准就能够将合作社与其他组织区别开来，因为这一原则既是合作社最基本的特征，也划定了合作社的边界，两者一旦错位就将导致合作社的性质发生改变。

三、企业论

企业论是指合作社作为企业形式之一按一般企业的模式来运行。合作社首先是企业，但它是由社员共同所有和民主控制的一种特殊的企业组织形式。早期以恩克（Enke）为代表的学者将合作社视为一个企业。❷ 主要理由在于，合作社和企业都是为了开展经济活动而组建的组织形式。它们都致力于生产、经营和交换商品或服务，以实现经济效益。同时，合作社和企业都可以实现内部的专业化分工。无论是合作社还是企业，都可以将工作任务划分给不同的成员或部门，以提高生产效率和专业能力。马洛和韦齐纳（Malo and Vézina）认为即使在合作社内，有时也会存在严重的委托代理问题，例如在一些情况下，合作社经理人员可能逐渐偏离合作社的初衷和价值观。❸ 他们可能过于追求经济效益、权力集中或个人利益，而忽视了合作精神和共同利益，这种经理人员对价值的偏离会进一步加剧合作社的代理问题。并且，当合作社规模不断扩大时，成员之间的角色分工可能变得模糊不清。由于成员数量增多，每个成员之间的联系和监督关系可能变得复杂，导致代理问题的出现。

---

❶ 张益丰，孙运兴."空壳"合作社的形成与合作社异化的机理及纠偏研究［J］.农业经济问题，2020（8）：103-114.

❷ ENKE S. Consumer cooperatives and economic efficiency［J］. The American Economic Review, 1945, 35（1）: 148-154.

❸ MALO M C, VÉZINA M. Governance and management of collective user-based enterprises: Value-creation strategies and organizational configurations［J］. Annals of Public and Cooperative Economics, 2004, 75（1）: 113-137.

四、交易额论

交易额论是指按交易额（量）分配合作社盈余，强调为社员服务。这个原则汇集了不同的价值观和利益需求，积极解决各方面的需求和利益，虽然不一定保证平等，但提供了互惠互利的好处，并且这个原则以民主的"一人一票"原则为底线，至于是否遵循"所有者与惠顾者同一"并非至关重要。❶

五、混合论

混合论是指将合作社看作商品契约和要素契约相互治理的混合体。从交易关系和制度安排来看，合作社与社员的关系既不是完全外包的市场交易关系，也不是完全内化的科层治理关系，而是介于两者之间，合作社是一种科层与市场相结合的产业组织。❷根据环境影响因素的变化，周文根认为合作社应该作出相应的动态调整，鼓励以农业劳动、生产要素等为合作载体的合作社的出现，扩大农民合作社的定义域，对新型农民合作社形式给予法律地位等措施。❸

值得注意的是，对合作社性质的界定，一直存在不同声音，并且有观点认为随着外部环境的变化、市场竞争压力的变化、经营管理体制的变化，合作社可能逐渐偏离最初的合作理念和目标，失去原有的功能和效果。国内很多学者基于合作社的本质规定，对中国农民合作社进行考察，认为存在合作社名实不符的现象。随着合作社的不断发展，其本质规定也不可避免地发生着漂移。❹

---

❶ 刘老石. 合作社实践与本土评价标准［J］. 开放时代, 2010（12）: 53-67.
❷ 黄祖辉. 中国农民合作组织发展的若干理论与实践问题［J］. 中国农村经济, 2008（11）: 4-7, 26.
❸ 周文根. 农民合作社发展的中国化道路探索［J］. 农村经济, 2022（10）: 110-119.
❹ 黄祖辉, 邵科. 合作社的本质规定性及其漂移［J］. 浙江大学学报（人文社会科学版）, 2009, 39（4）: 11-16.

此外，潘劲通过调查研究发现，伴随着各地农民专业合作社的迅猛发展，各种"假合作社""翻牌合作社""精英俘获""大农吃小农"等现象层出不穷。❶邓衡山和王文烂论证了按惠顾额分配盈余和成员民主控制原则与"所有者与惠顾者同一"有内在的一致性。❷事实上，在我国许多农民合作社对质性底线发生偏移的现实情形下，人们对质性底线的接受程度，就决定了相应的合作社的真假判断。如果对质性底线的要求严格，"假合作社"会相对较多；反之，"真合作社"则必然相对较多。

综合来看，由于社会经济环境的复杂性和资源禀赋的差异性，多年来关于合作社的本质一直存在争论。进入20世纪90年代以来，随着成员异质性问题以及合作中涉及的议价、谈判、代理、小群体利益等问题日益突出，"联盟"和"合约集"方法的应用越来越普遍。回溯合作社的发展历史和展望合作社的发展趋势可以发现，无论是"联盟"还是"合约集"方法，都强调对于合作社的认识和要求应该回归到交易关系这个本源上来。因此，明确合作社的交易关系是什么，交易关系的内容如何形塑合作社的本质与边界？这是值得研究的重要问题。

与从合作社社员所扮演的角色及其相互间关系的角度，对合作社的本质规定性是"所有者与惠顾者同一"的坚守不同，下面的几个代表性研究给我们检视合作社的本质规定性提供了有益的启发。一是崔宝玉和刘丽珍以及刘西川和徐建奎立足合作社社员的行为及策略，从要素契约与商品契约入手（合作社是要素契约与商品契约相互治理的一种混合组织形式，其中商品契约具有反向治理作用）建构合作社本质规定性的尝试。❸二是徐旭初和吴彬从"惠顾"入

---

❶ 潘劲.中国农民专业合作社：数据背后的解读[J].中国农村观察，2011(6)：2-11，94.
❷ 邓衡山，王文烂.合作社的本质规定与现实检视：中国到底有没有真正的农民合作社[J].中国农村经济，2014(7)：15-26，38.
❸ 崔宝玉，刘丽珍.交易类型与农民专业合作社治理机制[J].中国农村观察，2017(4)：17-31.刘西川，徐建奎.再论"中国到底有没有真正的农民合作社"：对《合作社的本质规定与现实检视》一文的评论[J].中国农村经济，2017(7)：72-84.

手，在坚守"按惠顾额返还盈余"（二次返利）的制度硬核的基础上，将惠顾分为直接惠顾和间接惠顾来重新认识"惠顾"，进行合作社本质规定性重构的尝试。[1] 三是邓衡山等按照"盈余按惠顾额返还"与"成员民主控制"两大原则是否能突破，重新检视现有合作社的性质，将既有合作社分为经典合作社、新型合作社和公司等其他既有组织或者模式，指出由物资支持转向制度构建的支持方式促进合作社的发展。[2] 然而，这些尝试还没有深入到合作社交易关系内部进行系统性探索，更没有回归到交易关系这个本源上，提供一个以交易关系为核心的分析框架。对于合作社的真实性质，以及现实中存在的合作社是否为真正意义上的合作社，不能仅从理论意义上进行分析，还应当关注实践，关注其实际运行中的组织结构、利益分配、交易模式等。

第二节 合作社制度安排及其基础

农民合作社交易关系异变后将形成有别于交易关系初始构成的重构特征，即在业务交易关系和治理交易关系上呈现新的均衡状态。交易关系的构成特征对于农民合作社成长以及绩效的影响明显。为了深入探究农民合作社内部交易关系异变的影响，有必要先期对交易关系异变所产生的新均衡进行识别与操作化衡量。因此，本部分内容将回顾合作社的出资、决策、分配经典制度安排及其研究基础，为其交易关系异变治理研究提供基础。

---

[1] 徐旭初，吴彬.异化抑或创新：对中国农民合作社特殊性的理论思考[J].中国农村经济，2017（12）：2-17.
[2] 邓衡山，孔丽萍，廖小静.合作社的本质规定与政策反思[J].中国农村观察，2022（3）：32-48.

一、合作社的出资问题

合作社是一种团体性经济组织，它集中成员的资源并通过合作经营的方式为成员服务，经典合作社理论认为，出资才能体现出合作社成员是其所有者，这一观点能够防止对合作社成员边界理解的游移偏差，❶出资结构特征也在一定程度上决定合作社的决策行为。❷合作社的特征很大程度上取决于资本贡献：谁出资？以什么方式出资？出资目的是什么？传统上，"使用者所有"原则强调使用者（主要是指农产品生产者）是主要的资本贡献者和风险承担者；合作社的资本主要由社员的直接投资、入社费、惠顾额留存、未分配收益等构成；成员对合作社出资的目的主要是获得合作社的使用权。然而，为了获得更多的发展资金，许多合作社已经开始放松这种排外性的使用者所有原则。事实上，很多非使用者成员已经被邀请向合作社业务进行投资。这些非使用者成员可以采用多种形式进行资本投入，例如，上市股份、土地使用权。❸大多数非使用者成员以货币形式出资，其目的主要是盈利。考虑到合作社共有资产的存在，新入社成员可能会存在"搭便车"行为，稀释老社员的产权。对此，平瑛和贾杰斐基于博弈论，提出可以根据不同情境分级设置"一级门槛"和"二级门槛"，以解决新老社员的出资利益分歧问题。❹

那么，合作社的资产是否可以分配？根据"罗虚代尔公平先锋社"❺的传统，股份产权是有限的，许多合作社是限制个人资产的。这样的行为在经济上

---

❶ 李琳琳，任大鹏. 不稳定的边界：合作社成员边界游移现象的研究［J］. 东岳论丛，2014，35（4）：93-98.

❷ 朱哲毅，邓衡山，廖小静. 资本投入、利益分配与合作社生产性集体投资［J］. 农业经济问题，2019（3）：120-128.

❸ 李瑾玉. 农民专业合作社的融资难题及其对策［J］. 农村经济，2013，（5）：117-120.

❹ 平瑛，贾杰斐. 中国合作社社员资格制度界定与完善：基于博弈论和对新合作社法的思考［J］. 农林经济管理学报，2019，18（1）：80-87.

❺ 1844年冬天，在英国曼彻斯特附近的罗虚代尔镇上，成立了一个由28个纺织工人组成的合作社，该合作社承认并满足个人的经济利益。

有其合理性：为抵御不可预见的风险与可持续运营，合作社需要有公共资产，并且个体成员对这部分资产的索取权是受到严格限制的。不可分配性可以使公共资产具有永久性。当合作社处于经济扩张期时，这种制度安排尤其重要。然而，与投资者所有企业相比，合作社在信贷方面是处于劣势的。保留部分盈余，可以缓解资金短缺的问题，但会面临成员（特别是规模较大的成员）的批评和反对。张德峰指出当前对合作社投资者获得的资本报酬直接设置数值上限的方法不利于合作社在社员出资之外寻找更好的融资渠道，这已经成为合作社发展的掣肘因素，不能充分保护合作制。[1] 为此，越来越多的合作社开始把成员对合作社的贡献量化到独立的成员账户或者发行成员可以单独持有的股份。当合作社内部同时存在生产者社员、经营者社员、股东社员以及使用者社员等不同类型成员的时候，由于资源禀赋的差异，成员以什么方式出资变得更加复杂；由于利益要求的不同，合作社如何处理未分配资本的产权也成为难题。

尽管合作社对农民成员有明显的优势，但这种组织形式在资本来源方面受到限制，这可能会阻碍扩张和增长。传统的合作社形式仅限于内部产生的资金和成员的股权贡献，而从非成员（外部投资者）获得风险资本是不可能的，[2] 这是合作社融资与投资者所有企业融资之间的主要区别。因此，如果成员不能或不愿意提供投资资本，合作社的发展可能会受到威胁。

随着合作社合作形式的多样化，引入社会资本成为合作社的重要组成部分，这有利于向农村地区输送农业资源，但是由于企业等社会资源并不具备内生动力将惠农资源转化为对农户群体的支持，并且国家干预低效，使得农户缺乏内部自主治理机制。[3] 随着市场竞争进一步加剧，实现经济价值的超越成为

---

[1] 张德峰. 论合作社资本报酬上限的立法设置 [J]. 法学评论, 2023（3）: 80-88.
[2] CHADDAD F R, COOK M L, HECKELEI T. Testing for the presence of financial constraints in US agricultural cooperatives: An investment behaviour approach [J]. Journal of Agricultural Economics, 2005, 56（3）: 385-397.
[3] 王辉, 金子健. 新型农村集体经济组织的自主治理和社会连带机制：浙江何斯路村草根休闲合作社案例分析 [J]. 中国农村经济, 2022（7）: 18-37.

合作社的目标之一,大户控制或资本控制逐渐成为合作社治理的重要形式,合作社呈现出资本化的演进趋势。❶有学者指出,合作社资本化是沿着"资本短缺—资本吸引—资本控制—资本积累"循环路径形成的,并且合作社资本化并不一定会导致合作社功能的弱化,应着重提升其资本化伦理价值。❷谭银清和王钊基于重庆市163家种植合作社的研究案例发现,资本集中也不一定必然导致合作社的民主管理出现异化,关键是在于合作社成员的退出自由权能否得到充分保障。❸

二、合作社的决策问题

对于合作社而言,决策问题主要体现在以下三个方面:谁做决策?决策机制是什么?决策任务如何在不同群体之间分配?与其他组织相比较,"使用者控制"强调使用者掌握合作社的主要决策权。使用者的决策权主要通过两种方式来实现:一是直接决策——成员在社员大会上直接对合作社的事务进行表决;二是间接决策——成员选举产生合作社的理事会,把决策权委托给理事会成员。

合作社之间在决策上的一个重要区别是,排除非成员(外部股东)参与决策的程度。为了确保成员(而不是股东)对合作社的实际控制权,传统上只有使用者社员才有投票权。至于投票权的分配,传统合作社一直坚持民主控制,简而言之,就是坚持"一人一票"原则。从更一般意义上理解,民主控制也可以理解为按照一些可接受的依据由成员来治理或者控制。然而,"一人一票"

---

❶ 崔宝玉.农民专业合作社治理结构与资本控制[J].改革,2010(10):109-114.
❷ 肖荣荣,任大鹏.合作社资本化的解释框架及其发展趋势:基于资本短缺视角[J].农业经济问题,2020(7):108-117.
❸ 谭银清,王钊.资本集中必然导致合作社民主管理异化吗:基于重庆市163家种植合作社的调查与分析[J].农村经济,2018(3):118-123.

的决策原则多少带有一些意识形态的诉求，随着外部的投资者和其他利益相关者等非使用者社员卷入合作社事务，他们不可避免要拥有合作社的投票权。许多学者难以接受将民主控制解释为"一人一票"，进而提出比例原则。在实践中，部分合作社已经开始用比例原则取代"一人一票"原则，在这种情况下，成员的投票一般是与其惠顾额挂钩的。原因在于，如果坚持"一人一票"，大部分规模较小的成员可能一致通过不利于少部分规模较大的成员的政策，同时使理事会面临更敏感的压力。❶

在成立之初合作社规模一般较小，经营活动局限于所在社区内，涉及的加工活动也非常有限。由于合作社的业务并不复杂，对管理者的要求也相对简单，通常情况下，那些由优秀惠顾者组成的理事会就能够经营和管理合作社事务。在中国合作社中，合作社决策者通常是合作社的主要发起人，也是合作社的领导者之一，后加入的社员成为核心社员并主导决策的可能性极小。❷然而，随着合作社的发展壮大，特别是纵向一体化程度的加深、战略联盟的实施，以及合作社之间的合并等情况的出现，组织的决策问题变得日益复杂化。决策的复杂化以及各种管理功能的发挥都需要专业的技能，产生了对职业化管理者的需求。❸先前许多由理事会和成员执行的功能需要授权给专业的管理者。依据成员控制原则，理事会的结构和功能是合作社的显著特征之一。为了确保成员控制，合作社一般严格限制甚至禁止非成员进入理事会。理事会的角色和功能也与投资者所有企业明显不同。多数情况下，合作社的理事既是所有者又是惠顾者，而投资者所有企业的理事仅仅是股东的代表。因此，投资者所有企业的

---

❶ BIJMAN J, ILIOPOULOS C. Farmers' cooperatives in the EU: Policies, strategies, and organization [J]. Annals of Public and Cooperative Economics, 2014, 85（4）: 497–508.

❷ PENG X, LIANG Q, DENG W D, et al. CEOs versus members' evaluation of cooperative performance: Evidence from China [J]. Social Science Journal, 2020, 57（2）: 219–229.

❸ CHADDAD F R, COOK M L, HECKELEI T. Testing for the presence of financial constraints in US agricultural cooperatives: An investment behaviour approach [J]. Journal of Agricultural Economics, 2005, 56（3）: 385–397.

理事会的功能主要是充当股东的托管者,而合作社的理事会既要充当投资者的托管者,又要充当顾客的代表把使用者关心的问题传达给管理者。因此,理事会在决策过程中的支配力量的大小,是合作社控制权变化的重要内容。❶

此外,社会资本在合作社决策中的作用受到关注。社会资本通常包括社会网络、社会信任与社会参与三个部分内容。❷ 社会网络是指个体之间在互动过程中形成的一种较为稳定的网络关系,稳定的社会网络关系能够帮助农户获得有效信息,提高其参与集体决策的积极性。❸ 社会信任是指社会成员之间基于相互理解、相互尊重以及相互信赖而建立起来的一种关系和态度。❹ 在一个具有高度信任的社会中,个体更愿意主动参与公共事务,相信他人的承诺和行为,并将社会责任和义务视为自己应尽的义务,并且还有助于减少冲突、提高效率和促进资源分配的公平性,提升集体忠诚度等。❺ 米林斯基(Milinski)等研究发现农户之间社会信任有利于减少相互之间的合作障碍,帮助其参与集体行动决策。❻ 社会参与是指个体或群体积极参与社会事务、公共活动和社区事务的行为和态度。❼ 史恒通等认为农户所能获取到的信息越充分,则越有可能参与到合作社之中,因为社会参与提高了农户对合作社事务的参与度和关

---

❶ BIJMAN J, ILIOPOULOS C. Farmers' cooperatives in the EU: Policies, strategies, and organization [J]. Annals of Public and Cooperative Economics, 2014, 85 (4): 497-508.

❷ 史恒通,睢党臣,吴海霞,等.社会资本对农户参与流域生态治理行为的影响:以黑河流域为例 [J].中国农村经济,2018 (1): 34-45.

❸ 史雨星,姚柳杨,赵敏娟.社会资本对牧户参与草场社区治理意愿的影响:基于Triple-Hurdle 模型的分析 [J].中国农村观察,2018 (3): 35-50.

❹ 教军章,张雅茹.社会资本影响制度发展的作用机理探究 [J].理论探讨,2018 (6): 155-161.

❺ 梁巧,吴闻,刘敏,等.社会资本对农民合作社社员参与行为及绩效的影响 [J].农业经济问题,2014, 35 (11): 71-79, 111.

❻ MILINSKI M, SEMMANN D, KRAMBECK H J. Reputation helps solve the "tragedy of the commons" [J]. Nature, 2002, 415 (6870): 424-426.

❼ 苗珊珊.社会资本多维异质性视角下农户小型水利设施合作参与行为研究 [J].中国人口·资源与环境,2014, 24 (12): 46-54.

注度。❶

关于合作社决策权的继承与延续，我国现行立法并未对决策权的继承作出明确规定。考虑到合作社民主管理的原则（以"一人一票"为核心），参照《公司法》的相关规定可能会背离合作社民主管理的原则，例如，如果多位继承人均享有继承资格，那么因多人继承而进行的出资分割就可能会突破"一人一票"原则。针对此类问题，高海提出可参照荷兰等域外立法，即继承人共同代表行使权利更适宜我国实际情况。❷

三、合作社的分配问题

利益分配问题是合作社能否沿着可持续发展轨道前进的重要因素，需要处理好农户与合作社之间、农户与生产大户之间的利益协调关系。❸ 除获得合作社的使用权，对社员而言参与合作社的价值还包括分享合作社的剩余。合作社的剩余是指合作社收入扣除所有固定的合同支付（如产品成本、固定工资、利息等）后的余额。"使用者受益"原则意味着，惠顾者是分配合作社剩余的主要主体。使用者的收益主要受以下三个因素的影响：合作社资产的赎回、合作社净剩余的分配、产品和服务的定价政策。

为了提升为社员服务的能力，合作社一般把部分剩余作为公共积累留在合作社，至于保留多大比例由合作社在其章程中自行规定。如果盈余允许部分或者全部作为公共积累保留，那么合作社的剩余就延续到多个时期。在剩余延续到多个时期的情况下，要在每个时期末客观地度量一个社员对公共积累的索

---

❶ 史恒通，睢党臣，吴海霞，等．社会资本对农户参与流域生态治理行为的影响：以黑河流域为例［J］．中国农村经济，2018（1）：34-45．
❷ 高海．论农民专业合作社成员出资的继承［J］．农业经济问题，2021（2）：65-74．
❸ 兰岚．农产品供应链中农民专业合作社利益协调机制研究［J］．农业经济，2019（10）：20-21．

取份额变得十分困难。如果要这样做，需要追踪每个社员在每个时期内的投资和产品交易额。然而，真正困难的是计算与该投资和产品交易额相对应的公共积累的分配份额，并且让社员据此能够预期其相应的剩余份额。对公共积累的任何分配，无论采取哪种形式都会额外地增加度量问题的难度。因此，在传统上，社员在退出合作社时只能赎回自己的初始投资，而不能赎回自己在公共积累中的份额。随着合作社开始建立单独的成员账户，有的合作社实行比例原则以及股份可交易，这样其成员不仅可以赎回自己的投资，还可以部分赎回在公共积累中贡献的份额。赎回计划在北美的合作社中比较普遍，而在许多欧洲国家比较少见。

对可分配盈余而言，重要的问题是确定盈余分配的基础。严格按照合作社的本质，以惠顾额（交易量）返还的盈余分配能够最大限度地保障企业合作社公平分配，而这种惠顾返还原则也成为国际上判别合作社规范程度的重要依据。❶但由于成员在合作社存在多种要素投入，例如，有的成员同时向合作社提供产品和资本，有的成员只向合作社提供资本，有的成员只向合作社提供产品，有的则只从合作社购买投入品，这就使多种分配基础存在可能。净剩余的分配既可以通过价格调整的方式返还给成员，也可以依据成员的出资以分红的形式返还给成员。传统上，欧洲很多合作社从剩余中扣除公共积累部分后，净剩余大多以价格调整的方式返还给成员。然而，那些允许个人股份存在的合作社则增加了另外一种分配净剩余的方式——把部分净剩余依据成员的投入资金以红利的形式返还给成员。

对合作社而言，针对成员投售的初级产品、合作社出售的投入品以及提供的服务制定价格，也是衡量农民（合作者）从合作社获得收益多少的一个最重要尺度。与投资者所有企业相比，合作社在定价时考虑的主要目标不是盈

---

❶ 曲承乐，任大鹏. 农民专业合作社利益分配困境及对策分析：惠顾返还与资本报酬有限原则本土化的思考[J]. 农业经济问题，2019（3）：100-107.

利，而是为成员提供好处：它们为成员的初级产品提供较高的价格（营销合作社），为投入品制定较低的价格（购买合作社），这就是通常所言的"成本交易原则"。根据这一原则，"统一的"产品交易价格是传统合作社普遍采用的做法。然而，均等对待并不是一个合理的原则，事实上，严格坚持均等的价格可能背离合作社的成本交易原则，因为那些成本较低的社员应该分担较小的成本才是合理的。鉴于此，越来越多的合作社已经开始把成本交易原则解释为"公正地"对待成员，采用的定价模式着重于成员的边际成本而不是平均成本。

第三节 农民合作社交易关系治理与绩效考察

农民合作社内部交易关系形成以后并不是一成不变的，业务交易关系与治理交易关系的分离会导致其发生异变，同时，治理机制的实施会促使合作社交易关系出现一系列的动态演化。于是，有必要厘清交易关系的异变是向着高绩效维度发展还是向着低绩效维度演进，这就要对交易关系异化后合作社绩效进行评价。

一、合作社交易关系治理

（一）业务交易关系治理

合作社在本质上是以交易为基础的制度安排，而合作社的治理是对合作社成员与合作社之间形成的不同交易类型的治理。根据社员与合作社之间的交易频率、交易额度、交易稳定性进行划分，可以将两者之间的交易关系划分为个别交易、重复交易和长期交易三种类型。此外，根据是否拥有合作社的控制权，社员可分为普通社员和核心社员，并且资产所有权的不平等影响了不同合作社成员群体的相对控制权，核心社员可能会利用控制权进行寻租。不同类型社员的不同交易类型决定了社员与合作社之间不同的交易机制。对此，崔宝玉

和刘丽珍提出了商品契约治理机制、关系治理机制和要素契约治理机制三种不同的交易治理机制。❶

与合作社成员进行交易是合作社的一个显著特点,因此成员与合作社之间存在交易关系是成为合作社成员的必要条件之一。然而,合作社的交易关系不仅包括与内部成员的交易,还包括偶发和临时的与非成员之间的交易。一些合作社在与非成员进行的交易中,并没有明确区分成员和非成员的交易,将客户视为成员,使非成员实质上享有了合作社与成员之间独有的税收、价格等优惠服务。❷针对农户生产的农产品是相对初级农产品、附加值低、品牌建设能力不足的现实问题,曹裕等考虑合作社是应当直接面向市场还是引进企业的策略,并认为品牌效应是影响引进策略的关键因素,采用收益共享的合作模式对合作社最有利,其次是成本分摊的合作模式。❸

(二)治理交易关系治理

合作社治理被定义为管理和控制合作组织的系统,在参与组织的各种人员(如董事会、成员、员工和行政人员)之间建立义务,以及该组织决策的程序和规则。鉴于合作社是由其成员拥有的,其治理结构和机制可能与其他类型的投资者拥有的组织不同。由于合作社在很大程度上依赖成员的集体行动来实现其组织目标,因此合作社的成功和生存需要成员高度的组织承诺。而与所有者在合作社中投资资本并期望回报的投资者拥有的公司相比,所有者也是公司的决策者、供应商和客户,这为利益冲突打开了大门。❹在合作社中既存在传统

---

❶ 崔宝玉,刘丽珍. 交易类型与农民专业合作社治理机制[J]. 中国农村观察,2017(4):17-31.

❷ 李琳琳,任大鹏. 不稳定的边界:合作社成员边界游移现象的研究[J]. 东岳论丛,2014,35(4):93-98.

❸ 曹裕,刘濂之,易超群. 农民合作社的品牌企业引进策略研究[J]. 运筹与管理,2023,32(3):213-219.

❹ SHAFFER J, HAMM L G, RHODES V J, et al. Farmer cooperative theory: Recent developments[R]. ACS Research Reports, Washington DC: USDA, 1989(84).

经济组织的成员机会主义行为、委托代理问题,也存在合作社自身特有的契约治理难题。

从公司治理角度考察合作社的相关研究,可以发现这些研究主要强调社员是合作社的所有者和管理者。合作社的治理与公司治理均涉及委托代理问题,但在这两种不同的组织类型中的委托代理问题又存在一定的差别。在一般公司中,委托代理问题主要存在于公司所有者与管理者之间,通常指委托人与代理人之间因信息不对称和利益冲突而产生某些问题,委托人将某项任务或权利委托给代理人来执行,但代理人可能会利用其对信息的掌握优势,谋取个人私利而忽视委托人的利益。[1]这种行为可能导致资源浪费、低效决策、不当利益分配以及道德风险等问题。而在合作社中,存在双重代理问题,即分别存在全体合作社成员与经营者之间的委托代理、普通社员与核心社员之间的委托代理,而这是由我国普遍存在少数核心社员控制合作社的现实所决定的。[2]在合作社中,管理者的控制问题是广泛存在的,因为对外而言,作为经理人员的管理者与合作社外部利益相关者的联系较弱,而内部合作社成员的参与积极性不足,这会导致经理人员的机会主义行为发生。另外,农民合作社应与其农民所有者利益相同,但是合作社的运营团队可能有不同的利益。农场成员时常会担心,如果出现管理失败、股权储备、管理者想要个人利益最大化等问题,合作社不会返还他们的利润,这类问题在许多所有权和管理权分化的合作社中最为严重。[3]

从组织联盟视角考察的研究主要是基于联盟治理理论,合作社的治理机制可分为契约治理和关系治理。契约治理和关系治理已被广泛证实是企业间联盟

---

[1] ROSS S A. The economic theory of agency: The principal's problem [J]. The American Economic Review, 1973 (63): 134-139.

[2] 梁巧,黄祖辉.关于合作社研究的理论和分析框架:一个综述[J].经济学家,2011(12):77-85.

[3] ZHANG Y, HUANG Z H. Identifying risks inherent in farmer cooperatives in China [J]. China Agricultural Economic Review, 2014, 6 (2): 335-354.

中协作满意度和关系绩效等协作结果的关键预测指标。[1]契约治理是一种由契约支配的合作关系，通过合同等方式明确规定各方的角色、责任、惩罚和争端解决程序来抑制机会主义并维护合作。在合作社的背景下，合同契约治理通过提高成员的合作满意度和绩效来促进成员的承诺。[2]关系治理主要使用关系规范或期望来管理交换伙伴的行为。它的维度因研究背景而异，因为它是一种基于社会关系的多维活动，具有很强的情境依赖性。在中国的合作社中，信任和沟通是关系治理的重要维度，因为主要来自同一村镇且具有高度亲属关系的成员之间存在相互信任和频繁交流。与合同治理相比，关系治理更有可能有效地增加合作社成员的承诺。[3]这是因为合作社具有社区嵌入的社会特征，[4]关系治理在建立在管理关系基础上的合作关系方面具有优势。

前些年，出现了新农业合作社的形式，这类形式主要是为了应对来自市场的竞争压力，它类似于越来越以投资者为导向的公司，因为它们试图调节成员控制和风险资本需求之间的平衡，它的出现也引发了对合作社新治理交易关系的探讨。能人领办的合作社是实践中广泛存在的合作社形式，基于交易成本的考量，政府在合作社政策实践中乐于选择与少数政治精英合作。[5]部分地方甚

---

[1] CAO Z, LUMINEAU F. Revisiting the interplay between contractual and relational governance: A qualitative and meta-analytic investigation [J]. Journal of Operations Management, 2015 (33-34): 15-42.

[2] GRASHUIS J, COOK M L. A structural equation model of cooperative member satisfaction and long-term commitment [J]. International Food and Agribusiness Management Review, 2019, 22 (2): 247-263.

[3] ZENG L J, WAN J Y, HE Q Y. Member commitment in farmers' cooperatives in China: The role of contractual and relational governance mechanisms [J]. Plos One, 2023, 18 (7).

[4] HÖHLER J, KÜHL R. Dimensions of member heterogeneity in cooperatives and their impact on organization – a literature review [J]. Annals of Public and Cooperative Economics, 2018, 89 (4): 696-712.

[5] 何慧丽，杨光耀. 农民合作社：一种典型的本土化社会企业 [J]. 中国农业大学学报（社会科学版），2019, 36 (3): 127-136.

至出现了"空壳社"和"精英俘获"现象,❶对此刘岭等从理事长的利他精神和个人能力匹配的视角研究,认为理事长的利他精神会影响其工作积极性与要素投入决策,并且认为理事长同时具有较强的个人能力和利他精神,能够有效平衡公平与效率时,才可能形成"理想合作社"。❷与之相似,王生斌和王保山从奥地利经济学派的企业家理论研究视角,认为合作社带头人的"企业家精神"是推动合作社高质量发展的依托和关键因素。❸针对近年来出现的其他不同类型合作社,学者们分别提出了不同的治理见解。马彦丽经过案例分析认为,"公司领办型合作社"突破了所有者与惠顾者同一底线原则,使合作社的一致性显著增强,单纯依靠合作社本身运行制度的建设和外部监督难以扭转其最终异化的结局,需要从合作社上层制度予以规范。❹于福波和张应良研究认为"党组织领办型合作社"具有明确的核心制度特征,其本质是一种由村集体主导运营的经营主体,因为其在社员结构、出资、决策和分配机制方面均有独特的制度安排,能够有效带动村集体经济的发展。❺

二、合作社绩效评价研究

（一）绩效的考察

既有研究大多将合作社绩效或合作社成员绩效作为结果变量。一般而

---

❶ 张益丰,孙运兴."空壳"合作社的形成与合作社异化的机理及纠偏研究[J].农业经济问题,2020（8）:103-114.

❷ 刘岭,欧璟华,洪涛,等.理事长利他精神与农民专业合作社发展:基于重庆市开州区田野调查案例的分析[J].中国农村经济,2022（1）:76-92.

❸ 王生斌,王保山.农民合作社带头人的"企业家精神":理论模型与案例检验[J].中国农村观察,2021（5）:92-109.

❹ 马彦丽.公司领办的合作社为何难以规范[J].南京农业大学学报（社会科学版）,2023,23（5）:105-118.

❺ 于福波,张应良.基层党组织领办型合作社运行机理与治理效应[J].西北农林科技大学学报（社会科学版）,2021,21（5）:54-64.

言，合作社成员资格被认为与价格、产量、质量、投入费用和收入呈正相关关系。❶ 对于个体农业生产者来说，组建或加入合作社的主要动机往往是在投入供求市场失败的情况下提高农产品出厂价格，各国研究表明，与无组织的农业生产者相比，合作社成员能够获得更高的农产品出厂价格，❷ 但有相关证据证明合作社成员资格与农产品价格并无显著相关关系。❸ 与其他绩效衡量一样，合作社生产力既与合作社有关，也与合作社成员有关。对于农业生产者来说，合作社成员资格在理论上增加了获得饲料、种子、农药和肥料等重要投入要素的机会，增加了农户生产率。❹ 与此同时，获得专业知识、需求信息的改善也能提高成员提升农产品质量的能力和意愿。❺ 就国内相关研究而言，我国农民合作社总体上还处于发展的初期阶段，尽管存在发展不平衡、经营规模小、服务层次低、规范化程度不高、带动能力不强等问题，但其发挥的作用确实是存在的。

对于农民合作社的绩效，许多学者都尝试建立各自的合作社绩效评价指标体系来予以评价。关于合作社的绩效，张晓山认为，农民社员能否成为专业

---

❶ GRASHUIS J, COOK M L. A structural equation model of cooperative member satisfaction and long-term commitment [J]. International Food and Agribusiness Management Review, 2019, 22 (2): 247-263.SHUMETA Z, HAESE MD. Do coffee cooperatives benefit farmers? An exploration of heterogeneous impact of coffee cooperative membership in Southwest Ethiopia [J]. International Food and Agribusiness Management Review, 2016, 19 (4): 37-52. 董莹，穆月英. 合作社对小农户生产要素配置与管理能力的作用：基于PSM-SFA模型的实证 [J]. 农业技术经济, 2019 (10): 64-73. 来晓东，杜志雄，郜亮亮. 加入合作社对粮食类家庭农场收入影响的实证分析：基于全国644家粮食类家庭农场面板数据 [J]. 南京农业大学学报（社会科学版）, 2021, 21 (1): 143-154.

❷ BERNARD T, TAFFESSE A S, GABRE-MADHIN E. Impact of cooperatives on smallholders' commercialization behavior: Evidence from Ethiopia [J]. Agricultural Economics, 2008, 39 (2): 147-161.FISCHER E, QAIM M. Linking smallholders to markets: Determinants and impacts of farmer collective action in Kenya [J]. World Development, 2012, 40 (6): 1255-1268.

❸ CHAGWIZA C, MURADIAN R, RUBEN R. Cooperative membership and dairy performance among smallholders in Ethiopia [J]. Food Policy, 2016 (59): 165-173.

❹ AHN S C, BRADA J C, MÉNDEZ J A. Effort, technology and the efficiency of agricultural cooperatives [J]. Journal of Development Studies, 2012, 48 (11): 1601-1616.

❺ CAI R, MA W L, SU Y. Effects of member size and selective incentives of agricultural cooperatives on product quality [J]. British Food Journal, 2016, 118 (4): 858-870.

合作社的主体，合作社的资产所有权、控制决策权和受益权是否能主要由他们拥有，这应是农民合作社未来走向健康与否的试金石，而这也必须由实践来检验。❶

关于如何提升合作社绩效，国内外学者从多个角度分析了影响合作社产出绩效的影响因素。综合既有研究，可以分别从组织结构优化、制度安排两个方面进行归纳。

1. 组织结构优化

既有研究发现，合作社是一种基于成员共同经营和共享利益的组织形式，其绩效的优劣往往受到组织结构的影响，针对不同的合作社条件，不断适应变化的外部环境和内部需求的合作社组织设计能对合作社绩效产生重要影响。郑风田等基于全国556个家庭农场的两期追踪调查数据构建PSM-DID模型进行实证检验，将家庭农场的生产优势和合作社的组织优势结合起来的家庭农场领办型的合作社可以通过生产者之间的联合实现规模农户与小农户的资源共享和优势互补，以其组织内部模式变迁的优势提升农场绩效。❷合作社的发展和足够的盈利能力是必要的。一些学者声称，增加组织规模是合作社的解决方案，❸这一点对于我国的农民合作社来说尤其重要，因为大多数合作社成员规模很小。梁（Liang）等研究发现，成员规模对总利润呈正向影响，而对每个成员利润的影响则呈现非线性倒U型曲线关系，而针对不同产品类别和不同年龄的合作社的最佳成员规模各不相同。❹

---

❶ 张晓山. 农民专业合作社的发展趋势探析 [J]. 管理世界，2009（5）：89–96.
❷ 郑风田，崔梦怡，郭宇桥，等. 家庭农场领办合作社对农场绩效的影响：基于全国556个家庭农场两期追踪调查数据的实证分析 [J]. 中国农村观察，2022（5）：80–103.
❸ GEZAHEGN T W, PASSEL S V, BERHANU T, et al. Big is efficient: Evidence from agricultural cooperatives in Ethiopia [J]. Agricultural Economics, 2019, 50（5）：555–566.
❹ LIANG Q, BAI R, JIN Z, et al. Big and strong or small and beautiful: Effects of organization size on the performance of farmer cooperatives in China [J]. Agribusiness, 2023, 39（1）：196–213.

2. 制度安排

政府的制度安排是合作社绩效的重要影响因素。合作社具有准公共产品的特征，在功能性上与公司这类完全市场化的组织有所不同，对制度扶持具有天然依赖和倾向。就其组织结构的性质而言，合作社的经济效率低于私营农业综合企业；合作社相对于农业综合企业的优势在于其社会功能。❶公共政策支持的首要理由是市场失灵的存在，政府的支持对合作社的成功至关重要。米纳（Minah）实证研究发现，合作社绩效与政府支持之间存在正相关关系。❷崔宝玉等以395个示范合作社为研究案例，发现政府扶持能够显著提升合作社绩效，但这种提升效应会受到合作社规模的门槛效应影响。❸与之不同的是，姆沃拉（Mwaura）认为，政府的过度扶持会造成公共资源的浪费，对合作社自身的经营投入产生挤出效应，不利于合作社的长期发展。❹缺乏资金支持和融资困难是约束合作社充分发展的重要因素之一，乔慧等以1222个农民合作社为研究样本，统计分析发现，信贷支持能够有效促进农民专业合作社进行纵向一体化，并帮助其采取平滑消费的事后方式来应对在纵向一体化中面临的风险。❺盛安琪等以剩余控制权为研究视角，发现股权集中度与重要职务关联度的提升有利于提高管理层在重要决策事项中的话语权，提高管理效能，从而提升合作社的整体绩效。❻

---

❶ BIJMAN J, ILIOPOULOS C. Farmers' cooperatives in the EU: Policies, strategies, and organization [J]. Annals of Public and Cooperative Economics, 2014, 85（4）: 497-508.

❷ MINAH M. What is the influence of government programs on farmer organizations and their impacts? Evidence from Zambia [J]. Annals of Public and Cooperative Economics, 2022, 93（1）: 29-53.

❸ 崔宝玉, 马康伟, 刘艳. 政府扶持能增进农民合作社的绩效吗：来自皖省395家国家级示范社的证据 [J]. 农村经济, 2023（7）: 113-122.

❹ MWAURA F. Effect of farmer group membership on agricultural technology adoption and crop productivity in Uganda [J]. African Crop Science Journal, 2014, 22（s4）: 917-927.

❺ 乔慧, 刘爽, 郑风田. 信贷支持能否促进农民专业合作社实现纵向一体化发展：基于1222个农民专业合作社的调查 [J]. 经济与管理, 2023, 37（4）: 1-9.

❻ 盛安琪, 耿献辉, 周应恒. 产权视角下农民合作社剩余控制权优化配置研究 [J]. 哈尔滨商业大学学报（社会科学版）, 2023（3）: 100-114.

（二）评价维度研究

关于合作社经济绩效的讨论存在两个不同的流派：一派以新古典理论为代表，另一派以新制度经济学为代表。就新古典理论学派而言，理论基础是诺尔斯（Nourse）提出的"竞争尺度"假说，该假说后来由赫尔姆伯格（Helmberger）和胡（Hoos）利用价格分析做了详细解释，其关注的是合作社的分配效率及其对市场结构改善的影响。其要点是，合作社采用成本交易原则和门户开放政策进入不完全的市场，可以产生类似于完全竞争的市场结果。合作社的存在，不但改善了农民在市场中的地位，提高了其收入；而且使市场竞争更加激烈，这迫使投资者所有企业不得不调整价格，从而消除了市场上的超额利润。新制度经济学派依据代理理论的观点，认为合作社是不合格的竞争者。[1] 决策问题、视野问题、投资组合问题、影响成本问题以及共同产权问题都暗示了合作社在资源分配上的低效率和限制市场导向。研究表明，这两个流派都获得了一定支持。

对合作社的绩效评价，既有研究较多关注其对直接经济的影响。合作社作为具有公益性质的经济体，其设计初衷之一是为成员带来经济福利。国内外既有研究表明，加入合作社组织确实能够给成员带来经济福利，改善家庭经济状况。[2] 从影响路径看，学者们大多认为加入合作社有利于克服单一农户小农生产的弊端，实现技术共享和风险共担，通过提升生产绩效最终达到经济福利。

---

[1] HENDRIKSE G, BIJMAN J. Ownership structure in agrifood chains: The marketing cooperative [J]. American Journal of Agricultural Economics, 2002, 84 (1): 104–119.

[2] MA W, ABDULAI A. Does cooperative membership improve household welfare? Evidence from apple farmers in China [J]. Food Policy, 2016 (58): 94–102. MOJO D, FISCHER C, DEGEFA T. The determinants and economic impacts of membership in coffee farmer cooperatives: Recent evidence from rural Ethiopia [J]. Journal of Rural Studies, 2017, (50): 84–94. WU F, GUO X B, GUO X. The impact of cooperative membership on family farms' income: evidence from China [J]. Applied Economics, 2023, 55 (55): 6520–6537. ZOU Y, WANG Q B. Impacts of farmer cooperative membership on household income and inequality: Evidence from a household survey in China [J]. Agricultural and Food Economics, 2022, 10 (1).

例如，巴赫克（Bachke）认为合作社有利于培训农民和改进生产方法，与非合作社成员相比，合作社成员能够使用更好的农业技术，并实现规模经济。❶从理论上讲，通过汇集商品，有组织的农业生产者相对于垄断者而言具有更大的讨价还价能力，因此与无组织的农业生产者相比，能够获得更高的农产品出厂价格。❷刘（Liu）等则认为农民参与农业分工与合作，意味着将农业生产从传统的自给自足型转变为专业化、集约化，能够从技术效率、纯技术效率和规模效率三个方面综合提升农业生产效率。❸加入合作社使小农户能与合作社开展业务交易关系，可以就服务环节与价格进行协商，这不仅通过降低交易频率和成本节省了劳动投入，还在参与和获取合作社农业生产性服务时发挥了劳动力替代效应，增加了农户的非农收入。❹

除了纯粹的经济绩效的考虑以外，学者们还注意到合作社在新技术采用、降低农业生产风险、贫困治理等方面的作用。

（1）新技术采用。按照行为经济学的观点，个体的决策会受到其心理因素的影响，其内心认识是行动的基础，加入合作社的成员也会受到合作社组织影响，生产决策会相应地发生改变，典型之一即农业生产技术的采纳和应用。在实践中，合作社可以有效地开展有针对性的工作，并能为农民实施更新的绿色防治技术提供有针对性的技术信息，降低技术采用的边际成本。同时，农户加入合作社会受到新技术生产的溢价激励和组织强制约束，因而合作社员采用新

---

❶ BACHKE M E. Do farmers' organizations enhance the welfare of smallholders? Findings from the Mozambican national agricultural survey [J]. Food Policy, 2019（89）.

❷ GRASHUIS J, SU Y. A review of the empirical literature on farmer cooperatives: Performance, ownership and governance, finance, and member attitude [J]. Annals of Public and Cooperative Economics, 2019, 90（1）: 77-102.

❸ LIU Z M, YANG D, WEN T. Agricultural production mode transformation and production efficiency: A labor division and cooperation lens [J]. China Agricultural Economic Review, 2019, 11(1): 160-179.

❹ 徐勤航，高延雷，诸培新. 小农户组织化获取农业生产性服务与收入增长：来自微观农户调查的证据 [J]. 农村经济，2023（1）: 117-126.

技术的可能性更高，❶但可能会出于交付延迟等原因，使这种技术采用不可持续。❷ 与一般的家庭农场相比，合作社更侧重生产性领域，以合作社为单位，可以接收更多的农业订单，因而增加了农户采用新型农业技术装备的需求和能力。❸ 朱鹏等发现参加合作社一方面能提高粮农的预期收益，另一方面能提高粮农的生态认知水平，从而对粮农的绿色生产技术采纳产生正向影响。❹ 由此可见，合作社既能通过各类服务带动农户的技术采纳，也能改善农户的生产认知，促进农业生产的技术革新。

（2）降低农业生产风险。除了利润最大化外，农民还在生产决策中追求风险最小化，规避风险的农民通常在生产决策中持谨慎态度。尽管他们的决定可能具有一些不合理的方面，但本质上源于对"避免灾难"的理性考虑。作为合作社的成员，受益于合作社组织优势，能获得市场准入、提高议价能力、减少信息不对称、降低交易成本和价格风险等。❺ 索克切亚（Sokchea）和库拉斯（Culas）以柬埔寨合作社为研究案例，认为合作社可以作为一个整体组织开展合同农业，降低单个农户的经营风险，从而提升农业生产力、产品质量和农业成本效率。❻ 利贡（Ligon）认为合作社可以帮助成员管理营销和某些类型的生

---

❶ MA W L, RENWICK A, YUAN P, et al. Agricultural cooperative membership and technical efficiency of apple farmers in China: An analysis accounting for selectivity bias [J]. Food Policy, 2018 (81): 122-132.

❷ NYYSSÖLÄM, PIRTTILÄ J, SANDSTRÖM S. Technology adoption and food security in subsistence agriculture: Evidence from a group-based aid project in Mozambique [J]. Finnish Economic Papers, 2014, 27 (1): 1-33.

❸ 邵兰童，张宗毅，张萌. 合作社新技术采纳机理与实证分析：基于订单需求的中介效应 [J]. 世界农业，2023（2）：116-128.

❹ 朱鹏，郑军，张明月，等. 参加合作社能否促进粮农的绿色生产技术采纳行为：基于内生动力和外部约束视角 [J]. 世界农业，2022（11）：71-82.

❺ HENDRIKSE G, BIJMAN J. Ownership structure in agrifood chains: The marketing cooperative [J]. American Journal of Agricultural Economics, 2002, 84 (1): 104-119.

❻ SOKCHEA A, CULAS R J. Impact of contract farming with farmer organizations on farmers' income: A case study of reasmey stung sen agricultural development cooperative in cambodia [J]. Australasian Agribusiness Review, 2015 (23): 1-11.

产风险。❶费伊萨（Feyisa）也发现，参与合作社"缓冲了成员与市场相关的风险，并激励参与者选择风险更大、利润更高的作物"。❷由此可见，农户可能会将加入合作社视为降低风险的一种方式。

（3）贫困治理。在参与农业部门的所有组织中，农民合作社在许多国家占据主导地位，合作社是促进农村发展的一个有力的工具。首先，合作社是农村地区普遍熟悉和认可的一种经济组织形式；其次，合作社一般都深深地植根于它所服务的社区；最后，合作社是农村地区的重要商业形式之一，围绕合作社业务组织商品和服务切实可行。因合作社具备社会属性，所以有学者研究其降低农户贫困方面的绩效表现。合作社和农民可以通过建立合理稳定的利益耦合，有效规范利益相关者的权利和义务。由于中国大多数农民仍然依赖传统的自给自足生产方式，他们中的一些人发现难以获得外部融资，这容易产生贫困，而农业合作社可以为其成员提供融资服务，并帮助农民获得农业供应链的金融信贷，将财政资源从富裕的城市中心重新分配到贫困的农村地区，拓宽农民的融资渠道。❸总的来说，大多数现有研究都证实了合作社在减少贫困和增加收入方面的积极作用。❹合作社在规模化耕作、使用先进技术、应对市场风险和获得政策补贴、提高从事农业生产的农民的附加值、盈利能力、劳动生产率和就业方面比分散的小农户具有优势。❺党的十八大以来，契合我国经济发

---

❶ LIGON E. Risk management in the cooperative contract [J]. American Journal of Agricultural Economics, 2009, 91 (5): 1211-1217.

❷ FEYISA D A. The role of agricultural cooperatives in risk management and impact on farm income: Evidence from Southern Ethiopia [J]. Journal of Economics and Sustainable Development, 2016 (7): 89-99.

❸ SHEN Y, WANG J M, WANG L Y, et al. How do cooperatives alleviate poverty of farmers? Evidence from rural China [J]. Land, 2022, 11 (10).

❹ CHAGWIZA C, MURADIAN R, RUBEN R. Cooperative membership and dairy performance among smallholders in Ethiopia [J]. Food Policy, 2016 (59): 165-173. KUMAR A, SAROJ S, JOSHI P K, et al. Does cooperative membership improve household welfare? Evidence from a panel data analysis of smallholder dairy farmers in Bihar, India [J]. Food Policy, 2018 (75): 24-36.

❺ ITO J, BAO Z S, SU Q. Distributional effects of agricultural cooperatives in China: Exclusion of smallholders and potential gains on participation [J]. Food Policy, 2012, 37 (6): 700-709.

展实际的农民合作社充分发挥了减贫扶贫的特殊功能。杨丹等以脱贫摘帽与非脱贫摘帽区的案例比较研究发现，合作社能够通过提升农户的生计资本和帮助农户进行风险管理两个途径实现从全民脱贫阶段到过渡阶段再到乡村振兴的跨期贫困治理。[1]

（三）评价方法研究

从理论方法看，合作社绩效研究主要经历了两个阶段：第一阶段采用新古典经济学为分析工具（将合作社视为农场主的延伸或者企业）；第二阶段采用科斯经济学为分析工具，视合作社为联盟。[2] 在将合作社视为投资者所有企业的变体情形下，学界主要考察了合作社盈余分配方式、[3] 治理机制、专用资产等对合作社绩效的影响。[4] 梁（Liang）等认为社会资本和正式治理对合作社的治理是相辅相成的，正式治理某些方面的改进有利于社会资本的结果。[5] 在将合作社视为联盟的情形下，学界大多采用博弈论进行分析，因为此种观点区别

---

[1] 杨丹，程丹，邓明艳. 从全面脱贫到乡村振兴：合作社的跨期贫困治理逻辑——基于是否脱贫摘帽区的多案例比较分析［J］. 农业经济问题，2023（8）：60-72.

[2] 刘勇. 西方农业合作社理论文献综述［J］. 华南农业大学学报（社会科学版），2009，8（4）：54-63.

[3] WANG J Y, WANG Y P. Economic performance of rural collective-owned cooperatives: Determinants and influence mechanism［J/OL］.［2023-12-13］. Annals of Public and Cooperative Economics, 2023. http: //dol.org/10.1111/apce.12454.

[4] 万俊毅，曾丽军. 合作社类型、治理机制与经营绩效［J］. 中国农村经济，2020（2）：30-45. 周振，孔祥智. 盈余分配方式对农民合作社经营绩效的影响：以黑龙江省克山县仁发农机合作社为例［J］. 中国农村观察，2015（5）：19-30.

[5] LIANG Q, LU H, DENG W. Between social capital and formal governance in farmer cooperatives: Evidence from China［J］. Outlook on Agriculture, 2018, 47（3）：196-203.

于新古典经济学中的社员资格是同质性的假设。❶

关于合作社经济绩效的评价方法，使用比较多的是财务比例分析方法。例如，美国国家合作银行（American Cooperative Bank，NCB）以销售收入为依据对合作社进行分类。巴顿（Barton）等发展了一套财务绩效指标，来测量其与合作社规模之间的关系，并把投资者所有企业与合作社的财务绩效进行比较。这些财务指标包括：资产名义价值、资产回报率、资产毛利率、生产能力比率、变动成本比率、流动比率。类似地还有财务比率分析方法。在国内研究中，郭翔宇等考虑到合作社经济和社会的双重属性，将投入/产出比作为合作社绩效的测度方式，认为我国既有的合作社整体效率属于适中水平，大多数合作社还处于规模报酬递增的阶段。财务指标具有客观性的特点，这是其被采用的主要原因。❷

值得注意的是，财务比例分析方法在北美比较流行，而在欧洲比较少见。这背后实际上反映了北美和欧洲对合作社的绩效存在不同的认识：北美偏重功利主义，注重"效率"；欧洲相对偏重"标准规范"，重视"公平"。但是，过分强调财务指标容易导致关注短期利益而忽视其他方面。对合作社采用财务分析方法是失之偏颇的，也是缺乏经济理论基础的，特别是简单的财务分析不能说明合作社所提供的公共物品以及其他不具有市场收益的服务的价值。应该鼓励从技术、分配、规模以及价格的效率等方面来测度合作社的绩效。此外，传

---

❶ An J, CHO S H, TANG C S. Aggregating Smallholder Farmers in Emerging Economies [J]. Production and Operations Management, 2015, 24（9）：1414-1429. TENG Y, PANG B Y, WEI J B, et al. Behavioral decision-making of the government, farmer-specialized cooperatives, and farmers regarding the quality and safety of agricultural products [J]. Frontiers in Public Health, 2022（10）.YANG D, ZHANG H W, LIU Z M, et al. Do cooperatives participation and technology adoption improve farmers' welfare in China? A joint analysis accounting for selection bias [J] Journal of Integrative Agriculture, 2021, 20（6）：1716-1726. YU L L, CHEN C, NIU Z H, et al. Risk aversion, cooperative membership and the adoption of green control techniques: Evidence from China [J]. Journal of Cleaner Production, 2021（279）.

❷ 郭翔宇, 姚江南, 李桃. 农民专业合作社效率测度及其影响因素的组态分析：基于东北三省120家粮食种植合作社的调查数据 [J]. 农村经济, 2023（1）：137-144.

统的财务分析还存在另外一个局限，即合作社是一个纵向一体化的实体，仅在生产阶段测度其绩效是不完整的。效率分析可以克服这个不足，并且能够描述合作社作为一个实体的整体绩效。这些改进使得效率分析成为财务分析的一个很好的替代。然而，对数据的较大需求又使效率分析面临诸多挑战，因为要测度合作社的效率，需要大量关于合作社的投入和产出等方面的数据，而这些数据通常都是保密的，很难得到。此外，测度合作社的相对效率还需要那些同时由合作社和投资者所有企业构成的产业数据。很显然，这些限制使得基于效率的绩效测度方法在研究中不具有可操作性。因此，在设计合作社绩效指标的时候，还需要考虑那些能够反映合作社不同战略及其组合的效率指标。简单地调查财务指标数据很显然不能满足这个要求。

与投资者所有企业的比较研究，是衡量合作社经济绩效的另一个重要方法。与非合作社相比，合作社在技术效率、分配效率以及规模效率三个方面都比较低，政府的优惠待遇是合作社能在市场上保持竞争力的重要因素。然而，合作社与非合作社在一系列财务和经济指标（流动性、借贷机会和收益性）上几乎是相当的。与投资者所有企业相比，合作社在收益率、借贷机会和利息偿付率方面都不逊色甚至更好，并没有发现支持合作社存在固定资产过度投资和道德风险假说的明显证据，业界存在的标准的财务分析很可能迫使合作社事实上接受与投资者所有企业一样的目标。依据收益率、资本增益和流动性，合作社与非合作社没有明显的区别；在经营效率指标上两者也没有什么差别，然而，在库存（商品）周转率和负债比率指标上合作社显著高于非合作社。总而言之，在同一产业内合作社的绩效并不比非合作社差。此外，在可变成本的效率上，合作社与投资者所有企业没有区别；不同的是，投资者所有企业在厂房和设备的使用上效率更高，而合作社在非厂房的固定资产方面的使用上效率更高。合作社在纵向一体化方面的绩效也受到了关注。无论是消费者还是生产者都更喜欢由合作社（积极的或者被动的）而不是投资者所有企业来实施纵向一体化。由于合作社不存在交易股份的公开市场，因此使用基于市场的财务分析指标，如资产报酬率、权益报酬率是不太合适的。对合作社绩效的考察，除了财务指标，还需要关注其他方面，例如，市场发展、产品研究与开发、劳动关系、生产力以及社会责任等相关指标。总而言之，平衡财务绩效和非财务绩效对合作社的成功至关重要。

从相关文献来看，尽管已从合作社的本质及边界、治理与运行机制、绩效等方面进行了探索，尝试提炼创建并管理农民合作社的一般逻辑，但仍未能解释一些重要而极富挑战性的问题。这与已有研究对合作社交易关系关注不够，缺乏系统研究，注重单一维度，忽视交易过程中多维度联动、多要素平衡的异变规律不无关系，这导致对合作社交易关系构成内容与过程机理的剖析有欠深入。有关合作社交易关系的研究前景相当广阔，还存在以下亟待解决的问题：

一是已有关于合作社交易关系构成的研究多围绕单一维度进行，对于从业务交易关系和治理交易关系两个维度考察交易关系构成的研究较少。已有研究往往过于关注业务交易关系，如以农业投入品交易额以及农产品交易量等来衡量交易关系，缺乏从要素贡献维度对交易关系的刻画与解读。从主体多样性与资源结构的角度解读合作社交易关系，将交易关系与治理交易关系区分开的研究突破单一维度的局限性，对合作社的运行与绩效提升发挥重要影响。因此，对"合作社建构什么样的交易关系更能够提升组织运行绩效"的探讨，是非常有价值的研究。

二是已有关于合作社异变的研究较多从与经典合作社比较角度观察合作社的制度安排、类型转换等特征，缺乏从多要素联动角度对交易关系异变的图景及其机理进行提炼。在合作社交易关系异变过程中，交易价值、交易成本、交易风险都将发生变化，而这种变化呈现出联动性的动态特征。因此，跳脱时间维度下对合作社演化过程的刻画，从交易价值、交易成本和交易风险联动的角度挖掘交易关系异变的机理，有助于提炼合作社异变过程中的理性要素。

三是已有关于合作社治理的研究多从制度安排角度来解释，对交易关系建构以后的治理机制缺乏深入探讨。农民合作社的交易关系不仅具有市场化的交易特征，还具有相当强的社会化的网络特征，这意味着农民合作社可能需要将基于市场关系的契约机制、基于网络关系的信任机制结合起来，探寻适宜的治理机制来巩固、强化甚至扩展网络关系进而推动农民合作社成长。更进一步，在特定交易关系下，治理机制的选择并非对单一交易关系的治理，而要建构具有双重交易关系构成内容适应性的混合治理机制。因此，对农民合作社交易关系治理的探讨应从交易关系的内容出发，挖掘情境化的混合治理机制，进而可能会在合作社交易关系与组织绩效关系方面得出富有洞见的新知识，有助于深入挖掘管理合作社有效性的内在机理。

第三章　农民合作社的发展现状

《农民专业合作社法》明确了农民合作社的法人地位，解决了合作社在注册登记、组织结构、扶持政策等方面面临的一系列现实问题。在法律和政策的促进与激励下，合作社在全国范围内发展势头强劲，覆盖的范围不断扩大，合作的层次与水平也在不断提高。然而，在快速发展的同时，合作社也发生了一定程度的异变，主要体现在合作社成员构成与经营内容、合作社再联合两方面。为直观地对此进行说明，接下来，基于《中国农村合作经济统计年报（2022年）》中的数据，阐述合作社的发展现状。

第一节　合作社成员构成与经营内容多元化

根据《中国农村合作经济统计年报（2022年）》，截至2022年底，全国农民合作社按牵头人的身份划分，由农民牵头成立的合作社数为1686838个，占总数的80.88%，其中村组干部牵头成立的合作社数为249542个，占农民牵头总数的14.79%；由企业牵头成立的合作社数为33755个，占总数的1.62%；由其他主体（如基层农技服务组织、事业单位以及社会团队等）牵头成立的合作社数为365059个，占总数的17.50%。[1] 此外，截至2022年底，农民合作社

---

[1] 农业农村部农村合作经济指导司.中国农村合作经济统计年报（2022年）[M].北京：中国农业出版社，2024.

的成员数共计59843698个，同比增长-0.40%，其中普通农户数为57173250个，同比增长-0.40%；家庭农场成员数1635518个，同比增长-0.30%；企业成员数250665个，同比增长-6.50%；其他成员数为784265个，同比增长1.00%。❶从上述数据可以看出，普通农户数占总成员数的95.54%，为第一大主体，具体情况如表3-1所示。由此可见，从成员构成上看，农民合作社呈现出多元主体兴办、多元主体参与的发展态势。

表3-1 2022年合作社成员结构情况

成员构成	数量/个	占比/%	增速/%
普通农户	57173250	95.54	-0.40
家庭农场	1635518	2.73	-0.30
企业	250665	0.42	-6.50
其他成员	784265	1.31	1.00
合计	59843698	100.00	-0.40

资料来源：农业农村部农村合作经济指导司.中国农村合作经济统计年报（2022年）[M].北京：中国农业出版社，2024.

从经营内容上看，截至2022年底，开展农村电子商务的合作社数为62750个，同比增长8.40%；开展休闲农业和乡村旅游的合作社数为18892个，同比增长10.00%；从事民间工艺及制品开发经营的合作社数为4870个，同比增长34.90%。❷此外，如图3-1所示，按照经营服务内容划分，提供产加销一体化服务的合作社有1047815个，占合作社总数的50.23%；提供运销服务为主的合作社数为99056个，占合作社总数的4.75%；提供加工服务为主的

---

❶ 农业农村部农村合作经济指导司.中国农村合作经济统计年报（2022年）[M].北京：中国农业出版社，2024.

❷ 农业农村部农村合作经济指导司.中国农村合作经济统计年报（2022年）[M].北京：中国农业出版社，2024.

合作社数为 71651 个，占合作社总数的 3.44%，❶进而通过计算可知提供其他服务的合作社数为 867130 个，占合作社总数的 41.58%。由此可见，从经营与服务内容上看，农民合作社的发展呈现出多元化发展的趋势。

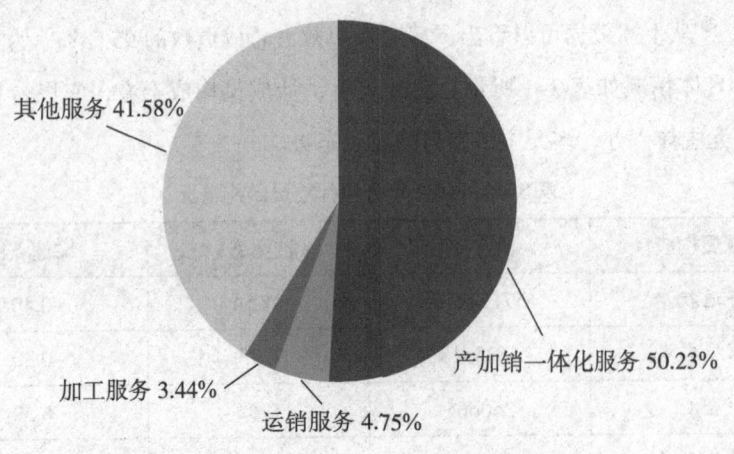

图 3-1　2022 年合作社经营服务情况

除成员构成与经营内容多元化外，合作社的发展也呈现出多元化趋势，例如，一些地区涌现出以农户土地入股的土地股份合作社，以集体资产折股量化的社区股份合作社，甚至还涌现出用水合作社、资金互助合作社、消费合作社、乡村旅游合作社等。此外，一些地方土地流转后出现了农村富余劳动力组建的劳务合作社。为解决村内劳动力短缺问题、就业问题和养老问题应运而生的妇女合作社、养老合作社等在部分地区也得到探索和实践。这些合作社都是在合作的基础上，进一步探求多元化的要素合作，是广大农民创业的有效组织形式，成为现代农业经营体系的牢固纽带。

---

❶ 农业农村部农村合作经济指导司. 中国农村合作经济统计年报（2022 年）[M]. 北京：中国农业出版社，2024.

第二节　合作社再联合发展趋势明显

随着农民合作社的快速发展，单个合作社规模偏小、产业单一、服务领域狭窄、经济协作难以开展、维权势单力薄的弊端逐渐暴露，在专业合作的基础上实现再联合与再合作成为迫切需求。根据《中国农村合作经济统计年报（2022年）》，截至2022年底，全国注册的联合社数达13824家，相较于上年增长2.8%；联合社成员数达到176476个，相较上年增长-17.20%。❶通过高层次的合作与联合，扩大了合作社的规模，增强了合作社的辐射力，提高了合作社市场影响力，从而实现了"分散独立生产经营，联合抱团闯市场"。通过联合，合作社与各类专业大户、家庭农场和农业企业等新型农业经营主体分工协作，利用各自资源优势，实现优势互补、协同共进，提高了劳动生产率、资金效率和土地产出率。如表3-2所示，2022年，全国联合社的经营收入共计1616960.3万元，相较上年增长了1.1%，是单一合作社的数倍以上；联合社盈余共计301131.2万元，相较上年增长了5.0%；可供分配的盈余共计230169.2万元，相较上年增长了6.9%，其中按交易量返还成员总额129348.2万元，相较上年增长了4.8%，按股分红总额56596.2万元，相较上年增长了3.9%。

表3-2　2022年联合社盈余及分配情况

科目	金额/万元	增速/%
农民专业合作社联合社经营收入	1616960.3	1.1
农民专业合作社联合社盈余	301131.2	5.0
农民专业合作社联合社可分配盈余	230169.2	6.9

---

❶ 农业农村部农村合作经济指导司.中国农村合作经济统计年报（2022年）[M].北京：中国农业出版社，2024.

续表

科目	金额/万元	增速/%
其中（1）按交易量返还成员总额	129348.2	4.8
（2）按股分红总额	56596.2	3.9

资料来源：农业农村部农村合作经济指导司.中国农村合作经济统计年报（2022年）[M].北京：中国农业出版社，2024：33.

从规范意义上看，农民合作社应当是农户自愿联合的组织，主要为农户提供农业生产与销售过程中的系列服务。然而，通过分析我国农民合作社的发展现状发现，目前，我国农民合作社的领办主体与服务内容发生了相应的调整与变革。具体而言，首先，以从事农产品生产、销售以及加工为主体的企业和以基层农技推广部门、供销社等为主体的事业单位逐渐成为领办的主体。其次，农民合作社的服务内容向旅游服务和劳务派遣等方面拓展，各类没有产品交易的合作社纷纷涌现。最后，随着各类资本主体参与合作社的运营，如农业生产大户、企业等，合作社所有者与惠顾者同一的局面被打破。

在合作社经营主体和内容多元化趋势的背景下，合作社的经营管理展现出较强的"企业化"倾向。从实践来看，合作社企业化表现为三个方面：第一，合作社"企业化"运作。随着合作社规模与辐射范围的不断扩大，非成员业务逐渐增加，成员异质性加强。农民合作社逐渐由成员需求导向向市场需求导向转变，组织结构日益趋于精英管理与成员民主控制并重，合作社企业化管理运作趋势日益明显。第二，企业领办合作社。企业领办合作社采用"企业+合作社+农户"的经营模式，该模式是对传统"企业+农户"模式的升级，降低企业与农户的交易成本，企业在获得可靠的资源要素供给的同时，农民的收入也稳定增长，实现企业与农户的互利共赢。例如，漯河市陈仓区惠农食用菌专业合作社依托于国人菌业科技产业园有限公司，采取"企业+合作+基地+农户"的经营模式和"企业管两头，农户坐中间"的联合经营方式，合作社在企业的技术指导与监督下组织成员进行标准化生产。[1]第三,"合作社+企业+农户"的模式。随着经营规模和带动能力的不断提升,部分合作社开始走"合作社+企业+农户"的道路,即合作社通过向价值链的上下游提升,自己创办上下游企业,在保障农户自身利益的同时,降低费用,从而提高收益和市场竞争能力。从长远来看,从"企业+合作社+农户"逐步走向"合作社+企业+农户"的经营模式能够使农户获取更多的农产品附加值,是符合合作社高质量发展需求的路径之一。然而,合作社的经营管理的"企业化"势必导致其异化。

值得注意的是,任何经营管理行为都是嵌入交易关系的,忽视了经营管理交易行为所嵌入的交易关系对交易变化的解释是不完全的。因此,为深入理解合作社的异化,需要从农民合作社内部交易关系的维度来进行分析。

---

[1] 张颖,曹燕子,宋春晓,等.我国农民合作社发展现状、若干趋势及应对[J].洛阳师范学院学报,2021,40(8):35.

第四章　农民合作社内部交易关系的构建

为探究农民合作社的内部交易关系，本章首先分析农民合作社内部交易关系的构建主体，以回答"参与农民合作社内部交易关系构建的主体是谁"这一问题。然后，探究农民合作社内部交易关系的构成内容，从而回答"在交易关系的构建主体之间，会产生什么样的交易关系"。

第一节　农民合作社内部交易关系的构建主体

2013年的中央一号文件《中共中央　国务院关于加快发展现代农业 进一步增强农村发展活力的若干意见》（中发〔2013〕1号）明确提出：大力支持发展多种形式的新型农民合作组织。鼓励农民兴办专业合作和股份合作等多元化、多类型合作社。此后，政府文件中便以更具包容性的"农民合作社"一词替代了"农民专业合作社"，倡导发展多元化、多类型的合作社。与此同时，这一举措为"各种拥有合法性利益的个人、群体以及组织参与农民合作社的构建，从而成为合作社的惠顾者"赋予了合法性。不可否认的是，无论是个人、群体还是组织，均是独立的行动体，并且具有不同的资源、能力。因此，这也使农民合作社的惠顾者通常具有不同的行为偏好、价值取向以及利益追求，进而使惠顾者的参与目的、对农民合作社的投入与贡献以及在农民合作社中所承担的风险等也不尽相同。也就是说，资源禀赋上的差异将使个人、群体和组织成为农民合作社不同类型的惠顾者。那么，应该如何界定农民合作社的惠顾者，不同类型的惠顾者在资源禀赋上有何差异，资源禀赋的差异对惠顾者在参与农民合作社建构中的决策有何影响，这些问题的回答，有助于清晰解析农民合作社内部交易关系的建构主体——惠顾者。接下来，本节将以合作社理论、利益相关者理论以及博弈论为基础，结合主体多样性和资源能力结构，来具体解析农民合作社的惠顾者。

一、农民合作社惠顾者的界定

《农民专业合作社法》规定：农民专业合作社是指在农村家庭承包经营基础上，农产品的生产经营者或农业生产经营服务的提供者、利用者，自愿联合、民主管理的互助性经济组织。由此可见，法律在强调具有相同市场地位、从事相同生产经营活动的同业生产者的联合的基础上，允许那些处在同一农产品产业链条上具有上游、下游业务关联的相关利益群体共同联合组成农民合作社。[1] 此外，这也反映出：农民合作社的形成是嵌入在一个具体有限的社会网络之中的，其生产经营过程和结果包含多个有直接或间接利害关系的个人、群体以及组织。

根据法律有关精神，同时立足于中国特有的实际情况，可以从投资专用性和业务关联性两个角度，对农民合作社的惠顾者进行界定，也即具备以下两个条件的个人、群体及组织均可被视为农民合作社的惠顾者：（1）在农民合作社中拥有一定的专用性投资，如货币资本的投入、人力资本的投入、社会资本的投入等，并且实际承担一定风险的使用者；（2）其活动能够影响农民合作社目标的实现，或者受到农民合作社实现其目标过程的影响。那么，农民合作社的目标就是为惠顾者服务或创造价值，以满足惠顾者的利益诉求。

---

[1] 苑鹏."公司+合作社+农户"下的四种农业产业化经营模式探析：从农户福利改善的视角[J]. 中国合作经济，2013（7）：13-18.

基于上述分析，各种拥有合法性利益的主体都可以选择投入一定的资本，参与农民合作社契约的签订，从而成为农民合作社的惠顾者，其目的在于获取收益增长，如图4-1所示。在图4-1中，环绕在农民合作社周围的主体都是其潜在的惠顾者，其中，政府用黑色实心箭头描述，表明政府对农民合作社形成的特殊影响，一般而言，对于农民合作社的形成和发展，政府的财政、税收、金融等方面的政策规定和资金投入至关重要；农民合作社与其他潜在惠顾者之间的关系用虚线箭头描述，表明各主体的选择带有一定的不确定性：各主体是否愿意参与农民合作社契约的签订成为惠顾者，农民合作社是否愿意吸纳这些主体成为其惠顾者。

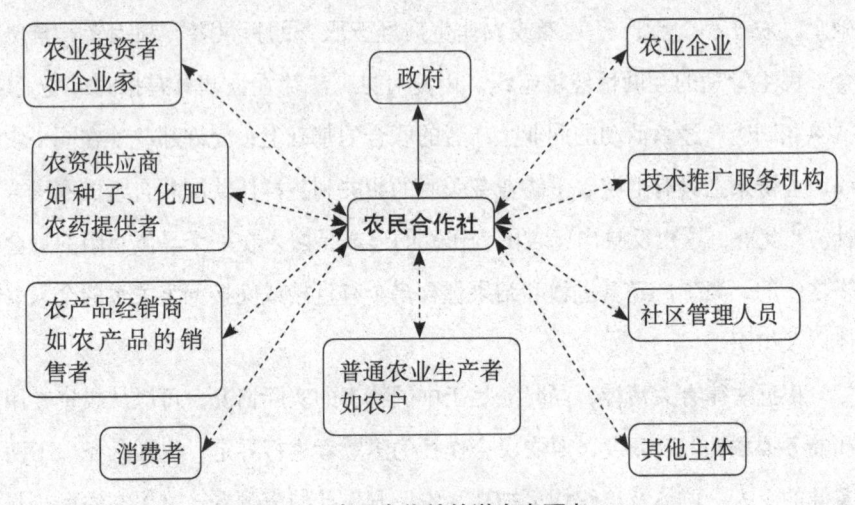

图 4-1 农民合作社的潜在惠顾者

此外，值得说明的是，中国农民合作社的发展不但源自农业产业特性，而且深深地嵌入中国农村社会经济结构的多重现实约束。改革开放40多年来，中国农村社会经济结构的变化有如下三点较为突出：

一是农户间差异较大。不同农户之间不仅经济实力、风险偏好、社会网络差异明显，而且涉足农业产业链的环节不尽相同，例如，有的涉足农资供应、有的涉足农产品销售、有的涉足农产品加工。此外，即便同样从事农业生产，不同农户在生产规模、技术水平、经营能力等方面也存在较大差别。

二是村社功能转变。取消农业税以后，由于制度性的赋权，尽管村社在农村的地位没有发生根本性的变化，但是村社已不再协助乡镇收取农业税费，也几乎不再有从村庄内获取资源的可能。除了承担各种自上而下布置的行政任务，诸如社会治安、计划生育等，争取各项惠农政策日益成为村社的主要任务。能否获得更多惠农政策和资源，帮助农民发展致富，对于村社的运转以及村社领导权威的树立和地位的巩固至关重要。

三是发展受政府影响较大。中国正处在发展的时期，政府掌握着一定的资源，各级政府部门在农村经济社会发展中仍旧发挥着重要作用。不同层级的政府部门在农村经济发展的经营环境和生产要素获取（如土地、资金/信贷等）等方面影响较大；不同政府部门具有不同的政策目标并且相互交织；政府官员甚至会直接或间接地干预农村经济发展。近年来，创新农业经营体制、健全农业社会化服务体系、完善农村商品流通体系、推进农业产业化、促进农民增收致富、建设新农村等日益成为各级政府关注的重要问题，也是其分配资源的重点领域。

因此，在中国农民合作社成长和发展的土壤环境中，上述这些环境因素是不可或缺的重要内容，也必然会影响农民合作社惠顾者的辨识和界定，这也使得农民合作社的惠顾者组成并不相同，且会随着参与者的变动呈现出动态变化的态势。

二、惠顾者类型与资源禀赋

从全国各地农民合作社的发展情况来看，惠顾者多元化是普遍存在的客观现实。一项制度变迁的发生既取决于制度变迁的预期收益，也取决于制度变迁的成本。经典农民合作社存在的经济合理性在于，它能为一般农业生产者提供诸如实现规模经济、外部性内部化、降低风险及降低交易费用等"外部利润"

或"公共物品",值得注意的是,这些"好处"的存在只是让农民合作社的组建具备客观的可能性,一般农业生产者是否愿意采取集体行动参与农民合作社内部交易关系的构建,主要还是取决于自身的成本收益核算。

在家庭联产承包责任制下,一般农业生产者是单个独立的生产经营主体,他们自主经营、自负盈亏,追求个体利益最大化。在这种农业生产者原子化的状况下,对单个农业生产者而言,带头创建农民合作社成为合作社的惠顾者,并不符合个体理性。因为首先对于单个农业生产者而言,"外部利润"分配是分散的、有限的,而且其他农业生产者还可能存在"搭便车"的行为。其次,一般的农业生产者由于在固定资产、个人能力、资金融通、社会关系等资源上的先天不足,也导致他们难以内生出农民合作社。此外,一般农业生产者"不善合作"还来源于他们对合作功效的价值判断。在集体行动中,一般农业生产者常存在一种特殊的公正观:不仅计算自己实际能够得到的收益,还要权衡和比较周围其他农业生产者的收益,对其他人从自己行动中获得额外的好处较难容忍。❶鉴于此,在一般农业生产者之间较难呈现出良好的合作状态。

在市场经济条件下,当一般农业生产者"需要合作"又"不善合作"时,也就是说,当内生型农民合作社难以形成时,外生型的农民合作社成为合作得以实现的必然选择,也即现实中的农民合作社不能完全建立在"经典合作社原则"所要求的公平和自愿基础上,需要有一定的"强制性",这使农民合作社控制权和成本收益的分配具有"非均衡性"。具体来看,外生型农民合作社需要能承担创建成本的个人和组织来主导这个"强制性"过程,考虑到中国农业生产者原子化的现实,这一点尤其重要。首先,少数大户农业生产者、农产品销售商出于增强自我发展能力的目的,有动力牵头创办农民合作社,带动其他农业生产者一起"闯市场"。其次,传统农村服务机构(如供销合作社、技术推广服务机构等)出于在市场化进程压力下寻求自身改革发展出路的基本目

---

❶ 贺雪峰.熟人社会的行动逻辑[J].华中师范大学学报(人文社会科学版),2004(1):5–7.

的，一些农业企业出于稳定原材料供给和争取政策扶持等需要，他们也有充当外生型农民合作社中主导力量的愿望。最后，随着"三农"问题持续存在，特别是进入 20 世纪 90 年代中期以后农民增收难问题凸显，一些基层政府与涉农部门意识到农民合作社在提高农民进入市场的组织化程度、推进农业产业化经营、提高农民自身素质、改善政府对农业的管理等方面的积极作用和功能。因此，出于政治或经济考虑，基层政府与涉农部门也有利用自身特有的、其他主体所无法比拟的社会动员能力、社会稀缺资源配置能力以及技术服务组织的优势资源推进农民合作社事业发展的动力。在这个过程中，各级政府所制定的一些优惠扶持政策对外生型的农民合作社的形成无疑起到了重要的推动作用。需要说明的是，农业生产大户、农产品销售商、供销合作社、技术推广服务机构、农业企业之所以能成为外生型的农民合作社的间接惠顾者，一方面是由于他们的资本资源、人力资源（企业家才能）、社会资源相对于普通农业生产者而言要丰裕，更能承担组织的创建成本；另一方面是他们预期能够获得相对更多的控制权、经济收益或者政治收益（这些收益至少可以弥补所付出的成本），否则外生型的农民合作社同样难以形成，而这些形式已经偏离在原子化一般农业生产者基础上建立内生型农民合作社的逻辑。

为了鼓励和支持各类惠顾者参与农民合作社的发展，法律也做了相关的规定：具有民事行为能力的公民，以及从事与农民合作社业务直接有关的生产经营活动的企业、事业单位或者社会组织，能够利用农民合作社提供的服务，承认并遵守农民合作社章程，履行章程规定的入社手续的，可以成为农民合作社的成员。在法律为各类惠顾者作为发起人领办农民合作社赋予合法性的前提条件下，不同类型惠顾者加入或领办合作社的积极性将高涨。此外，在法律实施后，从中央到地方各级政府，陆续出台了一系列促进农民合作社发展的政策，一方面赋予农民合作社越来越多的功能，另一方面让农民合作社享有更多优惠政策，进一步调动了不同类型惠顾者参与农民合作社的积极性。

基于上述分析，从惠顾者的参与情况来看，农民合作社可以被视为一种开放性的"联盟"组织,并且绝大多数农民合作社的惠顾者能够被划分为两大类:一类是农民合作社的直接惠顾者(如普通农业生产者);另一类是农民合作社的间接惠顾者(如农业生产大户、农产品销售商、技术推广服务机构、农业企业等)。两类惠顾者的资源禀赋主要体现在如下四个方面:自然资源、资本资源、人力资源和社会资源。

一是自然资源。家庭联产承包责任制普遍实施以后,普通农业生产者获得了承包土地的经营自主权。作为独立的农业生产者,他们有动力也有能力经营好自己承包的土地。然而,在"人多地少"的情况下,从实际情况来看,除少数大户农业生产者拥有一定规模的自然资源之外,绝大多数普通农业生产者承包的土地规模不大,加之土地流转障碍较多,拥有的自然资源相对有限,规模经营对于这些农业生产者而言可望而不可即。

二是资本资源。受城市化发展战略倾向和农产品价格剪刀差的影响,普通农业生产者收入增长十分有限,加之其从金融机构获得贷款相当困难,这使多数小规模农业生产者的资本资源匮乏。农民合作社作为一种企业组织形式,更多的是进行农产品的加工或者销售活动,在农民合作社的形成和发展过程中,对资本资源的需求不言而喻。在普通农业生产者资本资源匮乏的情况下,资本资源对农民合作社而言是稀缺资源。

三是人力资源。在农产品普遍过剩的情形下,如何把普通农业生产者手中的产品销售出去是农民合作社生存和发展的关键。鉴于此,农民合作社对以下两类主体的需求必不可少:一类是熟悉农产品销售渠道、善于营销的中间商;另一类是技术能手,在同样的资源条件下能生产得更多或更好。然而,普通农业生产者由于规模有限,没有动力也没有能力成为这两类人,因此,人力资源,如具备知识、获得市场信息的能力、生产技术等人才,同样是稀缺资源。

四是社会资源。在中国社会,特别是农村社区,非正式制度很多时候起着非常重要的作用。作为一种企业组织形式,农民合作社需要处理诸多事务,如对内协调惠顾者的行为,对外与政府部门和其他组织进行交流等。具有良好社会资源（如在社区内有较高的威望、较广的人际关系网络）的群体，对农民合作社的创建和发展必不可少。很显然，农村社区里的这种"精英"较为稀缺。

基于上述这四方面对农民合作社惠顾者的资源禀赋进行分析，惠顾者的资源禀赋差异可以被总结到表4-1中。

表4-1 农民合作社惠顾者的资源禀赋差异比较

资源禀赋	间接惠顾者	直接惠顾者
社会资源	强	弱
资金	强	弱
技术	强	弱
管理	强	弱
土地	弱	强
劳动力	弱	强

由此可见，不同类型的惠顾者不仅资源禀赋的存量不同，而且其投入农民合作社的资源禀赋的供给量也会存在明显的差异。一般来说，惠顾者通常会以自身相对较为充裕的资源来参与合作，通过合作促使各方资源得到重新整合，并把整合资源的使用权统一纳入农民合作社进行配置，进而实现在利益方面的帕累托改进，最后再根据惠顾者投入的资源情况将改进后的利益进行分配，这个过程就是合作利益的分配过程。

三、惠顾者的集体选择及影响

作为独立行动主体，潜在的惠顾者具有不同资源能力、利益追求、价值取向和行为偏好，并追求个体利益增长。从集体选择的角度看，农民合作社的潜在惠顾者首先面临的集体选择是：是否成为农民合作社的真正惠顾者。在是否成为农民合作社的真正惠顾者这一集体选择中，合作社潜在的惠顾者都面临着一个重要选择，即是否参与合作社契约的签订。潜在的惠顾者在合作社成立之初可以不参与合作社契约的签订，或者待合作社成立后根据情况决定是否成为真正的惠顾者，或者与合作社保持交易关系，或者与合作社保持影响关系。根据《农民专业合作社法》的规定，政府有关部门不能成为农民合作社成员，因此政府跟农民合作社的关系一般只是影响关系。如果惠顾者选择独自或与其他的惠顾者联合签订合作社契约，即意味着他们具有了共同的目标和利益追求，成为合作社的核心利益相关者并有权控制合作社的运作，合作社章程成为他们需要遵守的共同准则，他们的惠顾行为连同其出资在合作社内部也需自觉接受合作社契约的约束和支配。而那些选择放弃参与合作社契约的签订的惠顾者，不能成为合作社的核心利益相关者，其与合作社拥有平等的市场地位，他们不受合作社契约的约束和支配，只能通过交换（经济交换或社会交换）实现其收益增加。农民合作社契约不仅要界定合作社的核心利益相关者，还应该明确合作社的治理结构，即剩余控制权和剩余索取权在核心利益相关者之间如何分配。因此，仅完成哪些惠顾者成为合作社的核心利益相关者的集体选择还不能宣告农民合作社的成立，必须再经过核心利益相关者的集体选择，从而共同决定治理结构。经过两次集体选择确定才意味着真正意义上农民合作社的成立。图4-2显示了农民合作社惠顾者的两次集体选择行为。

农民合作社的形成是利益相关者两次集体选择的结果，只有两次集体选择都达到均衡状态，农民合作社才能形成并作为一个独立的市场主体存在。若不存在惠顾者两次集体选择的均衡状态，也就是惠顾者的"激励相容"，则就不会有惠顾者选择签订农民合作社契约，也就没有农民合作社的产生。就实际的均衡状态而言，一般农业生产者囿于自身的风险偏好和资本实力，对合作社不会进行较多的物质资本投入（难以成为大股东），加上创业精神、技术、经营管理才能、捕捉市场机会以及外部的社会资本网络资源的能力不足，他们一般难以成为合作社的管理者，也不奢望拥有较多剩余控制权，而较为关注获得一定的剩余索取权（实现利益增长）。而大户农业生产者、农业投资者、农业企业、农产品销售商、农资供应商、社区领袖、供销社、技术推广服务机构等利益相关者出于自身的经济利益乃至政治利益考量，一般会倾向于对农民专业合作社进行较多的专用性资产投入（物质资本、社会资本）并承担较多的风险。他们通过主持农民合作社契约的签订（发起筹办、制定章程、选举理监事会成员等），更容易成为合作社的管理者，在合作社内部治理中发挥主导作用，对其他利益相关者拥有一定权威。上述集体选择是实践中很多农民合作社的现实逻辑，也是利益相关者选择的某种均衡状态。

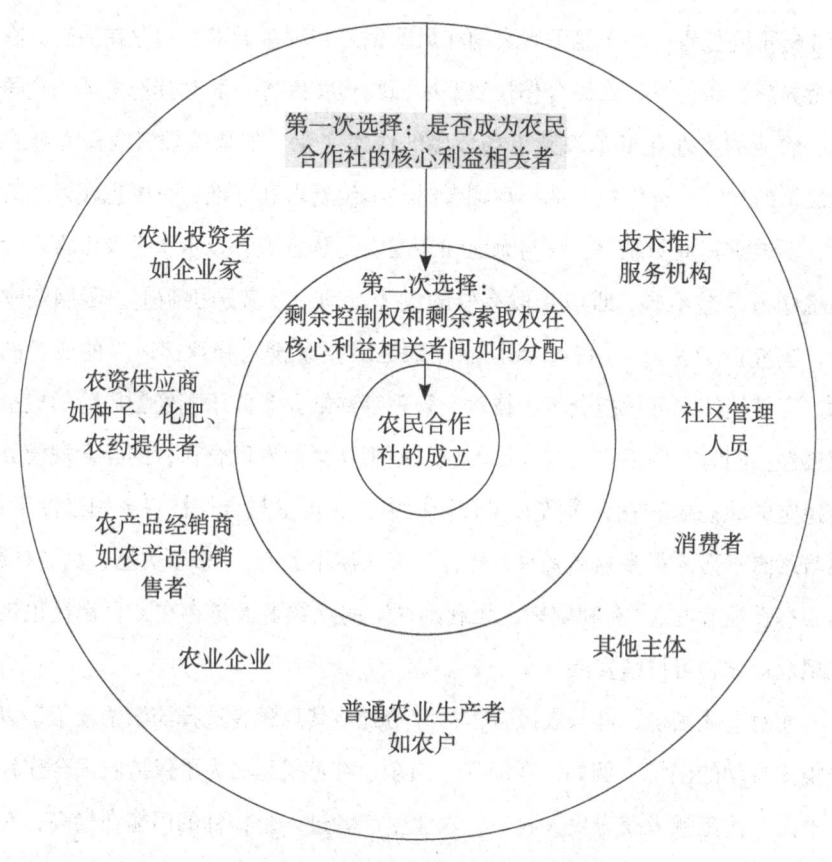

图 4-2　农民合作社惠顾者的选择

四、惠顾者的筛选与激励机制

从中国农民合作社形成逻辑来看，绝大多数农民合作社从一开始都是典型的异质性惠顾者之间的合作：（1）惠顾者在年龄、受教育程度以及工作经历上存在显著差别；（2）惠顾者之间的资源禀赋（如资本资源、自然资源、人力资源和社会资源等）明显不同；（3）惠顾者之间在生产规模、生产成本、技术水平、生产策略上差别明显；（4）在农产品纵向一体化体系中，不同惠顾者处于产业链不同位置；（5）惠顾者之间在风险偏好和利益诉求方面存在差异。在惠顾者异质性条件下，农民合作社实践中面临现实困境：面对其他主体的竞争压力、农业的产业化变革以及市场环境的快速变化，如果按照《农民专业合作社法》的规定，合作社在选择惠顾者时，不设要求和标准，只要惠顾者愿意加入，不考虑其资源能力、参与意愿和态度、团队意识、技术水平等因素，会导致惠顾者参差不齐、难以采取有效的集体行动；在激励机制上，限制资本收益、主要按交易量（额）分配盈余，缺乏对要素投入和承担风险的成员的激励，容易挫伤部分承担资本、技术、管理等稀缺要素并承担经营风险的成员的积极性。同时，内部自愿与开放的成员原则还会使农民合作社的经营规模处在不稳定的状态中。在大多数农民合作社中，成员参与合作社事务积极性不高，参与意愿不强，很多惠顾者对合作社的事情漠不关心，"事不关己、高高挂起"的心态普遍存在，"有利则来，无利则往"的惠顾者大量存在，合作社很难实现规范运作和可持续发展。

面对上述困境，部分农民合作社开始调整其惠顾者选择与激励政策，以克服集体行动的困境。例如，在浙江、山东、江苏等地，为了保持农民合作社的竞争力，让惠顾者获得更大收益，农业生产者进入合作社的门槛在抬高，专业农业生产者逐渐取代普通兼业农业生产者成为合作社成员的主体。出于节约成本和降低风险的考虑，部分农民合作社通过在章程中限制惠顾者的入社条件，惠顾者退社时已购股金不能退回而只能转让等方法，以及通过设置严格的退出机制来限制合作社惠顾者的退社行为，以期维持合作社的稳定运行，避免"搭便车"行为。在经营过程中为了获取信贷支持，有效开拓市场，部分合作社往往不需要过多惠顾者参与，而选择性接受惠顾者。与此同时，许多农民合作社向惠顾者提供选择性激励等措施，明晰合作社公共积累的产权，完善成员股份的可增值与可转让机制，给惠顾者兑现"一分付出、一分收获"，用"公平"替代原来的平等，从而使惠顾者得到不同于集体利益的选择性激励。

在农民合作社从数量增长型向质量提升型发展的背景下，立足于惠顾者异质性的客观现实，建立有效的惠顾者选择与激励机制是保障农民合作社可持续发展的必要条件之一。鉴于此，本部分接下来以惠顾者异质性为出发点，采用信号传递博弈模型研究了合作社对惠顾者的选择问题，并构建对应模型；通过对模型求解及分析，探寻惠顾者异质性条件下农民合作社的惠顾者选择与激励机制，进而为推动农民合作社的规范运行和可持续发展提供决策参考。

（一）惠顾者选择与激励模型建构

实践中，惠顾者为显示自己有能力、有责任感、有团队合作意识、有技术和资金实力等，一般会向农民合作社发送相关信息，通过显示自己的能力以获取农民合作社的加入许可。通过筛选，在惠顾者变成核心利益相关者后，农民合作社面临的又一重要问题是如何通过利益分配机制激励其积极参与内部的各项事务，增强农民合作社的实力和竞争力。当合作社收益分配比率超过某值时，核心利益相关者可能会努力参与合作社事务，关心合作社发展，不置身事外；当收益分配比率太低，低于某值时，核心利益相关者可能没有参与的积极性，得过且过，存在偷懒、敷衍了事等行为。

假设农民合作社需要挑选有资源、有能力、有合作意识的 n 位惠顾者加入，以满足自身可持续发展的要求。农民合作社和惠顾者都是理性的，即以追求自身利益最大化为目的，且都为风险中性。若某个惠顾者没有成功加入农民合作社，其可以把资源和能力投入其他项目，即每个惠顾者在每阶段末都有一定的收益。农民合作社与惠顾者之间的博弈存在 T_0 和 T_1 两个阶段：（1）在 T_0 阶段，惠顾者 i（$i=1, 2, \cdots, n$）向农民合作社传递自身信息 θ_i，这包含惠顾者 i 的资源、能力以及合作意识等，令此阶段惠顾者 i 的收益为 $\eta_0(\theta_i)$；（2）在 T_1 阶段，惠顾者 i 的收益状况取决于三种可能情况：成功、一般（什么事都不做）或失败，令此阶段惠顾者 i 的收益为 $\eta_1(\theta_i)$。假设 $\eta_t(\theta_i)$ 在区间 $[0, m_i]$ 上服从均匀分布，其中 $t=\{0,1\}$。由于惠顾者 i 的信息 θ_i 属于私人信息，因此只有惠顾者 i 知晓 m_i 的真实值而农民合作社只能了解到 m_i 的先验概率分布 $f(m_i)$。进而，令 $\eta(\theta_i)$ 为农民合作社了解到的惠顾者 i 的收益，则 $\eta(\theta_i)=m_i(\theta_i)/2$，其中 $m_i(\theta_i)$ 为农民合作社依据惠顾者 i 传递的信息 θ_i 而推断出的该惠顾者的最大收益。就惠顾者 i 而言，目标是使 T_0 和 T_1 阶段的期望收益的加权平均值最大：

$$\begin{aligned}U(\theta_i, m_i) &= (1-\lambda_i)\eta_0(\theta_i) + \lambda_i\eta_i(\theta_i) \\ &= (1-\lambda_i)\eta_0(\theta_i) + \lambda_i(m_i P_{1i} - \kappa_{2i} P_{2i} - \kappa_{3i} P_{3i})\end{aligned} \quad (1)$$

其中 $\lambda_i \in [0,1]$ 为惠顾者 i 在 T_2 阶段预期收益的权重；P_{1i} 为惠顾者 i 在 T_2 阶段成功投资某项目和从事其他事情的概率，如成功加入农民合作社；P_{2i} 为惠顾者 i 在 T_2 阶段投资某项目或从事其他事情收益一般（不赔不赚）的概率，如可理解为惠顾者 i 休闲在家；P_{3i} 为惠顾者 i 在 T_2 阶段投资某项目或其他事情完全失败（亏损）的概率，如加入农民合作社失败；κ_{2i} 表征惠顾者 i 的收益一般且净值为零，即 $\kappa_{2i}=0$；κ_{3i} 表征惠顾者 i 完全失败时的损失。

一般而言，惠顾者传递的信息能够准确反映其真实类型，能够给农民合作社的判断提供充分的依据，这也是惠顾者和农民合作社所期望的均衡结果。因此，可知：$P_{3i} = \theta_i / m_i$。进而式（1）可被整理为如下：

$$U(\theta_i, m_i) = (1-\lambda_i)\eta_0(\theta_i) + \lambda_i [m_i P_{1i} - \kappa_{3i}(\theta_i / m_i)] \qquad (2)$$

对式（2）求关于 θ_i 和 m_i 的偏导数得：$\dfrac{\partial^2 U(\theta_i, m_i)}{\partial \theta_i \partial m_i} = \dfrac{\lambda_i \kappa_{3i}}{m_i^2} \geq 0$。

从上式可知，惠顾者的收入水平越高，意味着其能力、责任心、团队意识或技术水平等积极因素就越好，其加入农民合作社的成功概率就越大，失败的概率就越小。把 $\eta_0(\theta_i) = m_i(\theta_i)/2$ 代入式（2），可得：

$$U(\theta_i, m_i) = (1-\lambda_i) m_i(\theta)/2 + \lambda_i [m_i P_{1i} - \kappa_{3i}(\theta_i / m_i)] \qquad (3)$$

进而，对式（3）求 θ_i 的导数可得：

$$U(\theta_i, m_i) = (1-\lambda_i) m_i'(\theta_i)/2 - \lambda_i \kappa_{3i}/m_i \qquad (4)$$

由于农民合作社可以从惠顾者 i 传递的信息 θ_i 中有效推断出 m_i，因此 $m_i[\theta_i(m_i)] = m_i$ 且知 $\partial m_i / \partial \theta_i = (\partial \theta_i / \partial m_i)^{-1}$。把 $m_i[\theta_i(m_i)] = m_i$ 与 $\partial m_i / \partial \theta_i = (\partial \theta_i / \partial m_i)^{-1}$ 代入式（4）并令其等于零可得：

$$U(\theta_i, m_i) = (1-\lambda_i)/2 - [\lambda_i \kappa_{3i}/m_i(\partial \theta_i / \partial m_i)] = 0 \qquad (5)$$

对式（5）两边求积分可得：

$$\theta_i = \left(\dfrac{1-\lambda_i}{4\lambda_i \kappa_{3i}}\right) m_i^2 + A \qquad (6)$$

其中，A 为常数。式（6）为惠顾者的均衡结果，进而对式（6）进行整理可得：$m_i(\theta_i) = 2\sqrt{(\theta_i - A)\dfrac{\lambda_i \kappa_{3i}}{1-\lambda_i}}$。

在农民合作社中，如果核心利益相关者参与合作社事务的积极性不高，参与意愿不强，对农民合作社的事情漠不关心，这将会对农民合作社的发展产生负面的影响。由于 $\eta_i(\theta_i) = m_i(\theta_i)/2$，因此可得：

$$v' = \eta_i(\theta_i) = \sqrt{(\theta_i - A)\frac{\lambda_i \kappa_{3i}}{1-\lambda_i}} \qquad (7)$$

式（7）为农民合作社根据惠顾者 i 发送的信号 θ_i 而推断出其收益状况。由等式不难看出，惠顾者的能力越强（资金实力、合作意识、团队意识、技术能力等综合体现），收益越高，其加入对农民合作社发展的价值就越大。尽管农民合作社不能直接观察到单个惠顾者的能力，但其可通过观测惠顾者的收入状况来判断其能力，从而为其选择决策提供参考。若该收益水平符合合作社的标准，则选择该惠顾者加入合作社，否则拒绝其加入。假设农民合作社的标准为 v_0，有以下两种选择：

① 若 $\eta_i(\theta_i) = \sqrt{(\theta_i - A)\frac{\lambda_i \kappa_{3i}}{1-\lambda_i}} \geq v_0$，惠顾者则符合选择标准，农民合作社接受其加入合作社；

② 若 $\eta_i(\theta_i) = \sqrt{(\theta_i - A)\frac{\lambda_i \kappa_{3i}}{1-\lambda_i}} < v_0$，惠顾者则不符合选择标准，农民合作社拒绝其加入合作社。

假设 $\eta_i(\theta_i) = \sqrt{(\theta_i - A)\frac{\lambda_i \kappa_{3i}}{1-\lambda_i}} \geq v_0$，即惠顾者符合农民合作社的选择要求。当该惠顾者加入合作社后，农民合作社需要通过设计利益分配机制，以促使其积极参与合作社事务和发展的进程中来，避免该惠顾者参与不足，对合作社事务漠不关心及搭便车现象的发生。

假设农民合作社经营一段时间后的收益为 R，该收益在 $i(i=1, 2, \cdots, n)$ 位惠顾者间分配，第 i 位惠顾者获得的收益分配比率为 $\tau_i(0 \leq \tau_i \leq 1)$，该收益分配比率由合作社决定，合作社可以通过调节比率来达到自己的决策目的，因为惠顾者加入合作社的目的明确，就是能够节约成本，获得更多的收益，所以收益分配方式对其行为的影响是明显的。当然，合作社为自身发展，在多给惠顾者收益的同时，也会考虑自身收益留存问题。收益分配原则就是：一方面能让惠顾者积极参与合作社事务中来，为合作社发展尽心尽力；另一方面为合作社未来发展留存尽可能多的收益。法律要求合作社以服务惠顾者为宗旨,尽可能地分配收益给惠顾者,这也是合作社吸引惠顾者加入的原因之一。但是,随着合作社的发展及产业链条的延伸,其在发展过程中大多会遇到资金短缺问题,已达到危及其生存的程度,所以在其收益分配中,保留部分收益是必要的。假设惠顾者偷懒获得的收益小于 v',则惠顾者和合作社的收益分别为

$$\phi_i = \tau_i R \text{ 与 } \phi_a = \left(1 - \sum_{i=1}^{n} \tau_i\right) R \text{。}$$

合作社在制定收益分配比率时,会对成员实际分配的收益额与推断出的成员收益水平进行比较。其比较过程如下:

当 $\phi_i > v'$,即 $\tau_i R > \sqrt{(\theta_i - A)\dfrac{\lambda_i \kappa_{3i}}{1 - \lambda_i}}$ 时,易得:

$$\tau_i > \sqrt{(\theta_i - A)\dfrac{\lambda_i \kappa_{3i}}{1 - \lambda_i}} \Big/ R \tag{8}$$

此时,合作社可以调低其收益分配比率,因为收益分配比率此时位于 $\left[\sqrt{(\theta_i - A)\dfrac{\lambda_i \kappa_{3i}}{1 - \lambda_i}} \Big/ R, 1\right]$ 之间,惠顾者则会选择努力参与合作社事务。

当 $\phi_i < v'$,即 $\tau_i R < \sqrt{(\theta_i - A)\dfrac{\lambda_i \kappa_{3i}}{1 - \lambda_i}}$ 时,易得:

$$\tau_i < \sqrt{(\theta_i - A)\dfrac{\lambda_i \kappa_{3i}}{1 - \lambda_i}} \Big/ R \tag{9}$$

此时,合作社应该调高收益分配比率,这是因为收益分配比率在 $\left[0, \sqrt{(\theta_i - A)\dfrac{\lambda_i \kappa_{3i}}{1 - \lambda_i}} \Big/ R\right]$ 之间时,惠顾者会选择偷懒,从而产生对合作社的发展漠不关心的不作为行为。

当 $\phi_i = v'$,即 $\tau_i R = \sqrt{(\theta_i - A)\dfrac{\lambda_i \kappa_{3i}}{1 - \lambda_i}}$ 时,易得:

$$\tau_i = \sqrt{(\theta_i - A)\frac{\lambda_i \kappa_{3i}}{1-\lambda_i}}\bigg/R \tag{10}$$

此时，合作社不需要对收益分配比率再做调整，维持该收益分配比率是最好的选择。

（二）惠顾者选择与激励机制设计

由前文的式（7）可知，惠顾者能力（资金实力、合作意识、团队意识、技术能力等）越强，其预期收益水平就越高。合作社根据发展需要，可以制定相应的成员选择策略：若合作社发展处于快速上升阶段，则应选择资金实力较强的惠顾者；若合作社处于市场开发阶段，则应选择技术水平高、创新型惠顾者加入；若合作社处于产业链延伸拓展阶段，则应侧重选择管理能力、组织能力较强的惠顾者。通过这种方式把能力高且合作社发展需要的成员吸引进来，有利于合作社的健康运作和可持续发展。合作社应先制定好标准，根据成员发送的信息来判断其是否满足合作社的标准，若达到，则选择其加入，否则拒绝。

由前文的式（8）可知，当收益分配比率 $\sqrt{(\theta_i - A)\frac{\lambda_i \kappa_{3i}}{1-\lambda_i}}\big/R < \tau_i \leqslant 1$ 时，即惠顾者在参加合作社后获得的收益大于预期收益时，其会努力参与合作社交易、增加交易量且积极投身合作社事务中来，为合作社的发展出谋划策，不会选择偷懒或搭便车。此时，合作社可以调低收益分配比率，保留更多收益，以备未来发展所需。若合作社所处发展阶段不需要保留收益，则需尽可能多地把收益分配给成员。只要分配比率位于该区间，惠顾者就不会发生道德风险问题。

由前文的式（9）可知，当收益分配比率 $0 \leqslant \tau_i < \sqrt{(\theta_i - A)\frac{\lambda_i \kappa_{3i}}{1-\lambda_i}}\big/R$ 时，即惠顾者在参加合作社后获得收益小于其预期收益，合作社知道若不调高该收益

分配比率，惠顾者会选择偷懒，不关心合作社的事务。惠顾者的不积极作为对合作社影响很大，不利于合作社的发展，甚至会导致合作社倒闭。所以合作社的最优选择是调高收益分配比率，分配更多收益给惠顾者。同时，惠顾者清楚自己能力强，不努力工作对合作社造成的损失很大，于是此时，惠顾者也会认为合作社会增加对他们的收益分配额。

由前文的式（10）可知，当收益分配比率 $\tau_i = \sqrt{(\theta_i - A)\dfrac{\lambda_i \kappa_{3i}}{1-\lambda_i}} \Big/ R$ 时，即惠顾者获得收益等于预期收益，达成均衡状态，一方面合作社不会调高该比率，因为合作社知道此时惠顾者会努力工作，不会偷懒，为保留更多留存收益，合作社没有必要再提高分配比率；另一方面合作社不会调低该比率，否则惠顾者会选择偷懒，对合作社事务不关心，出现道德风险问题。

（三）结论与启示

高质量的惠顾者对合作社生产规模扩大、市场的有效开发、产品的不断创新、战略方向的正确选择等都具有积极影响，是农民合作社健康可持续发展的必要条件。本节运用信号传递博弈模型研究了合作社对惠顾者的选择问题，建立了相应模型，给出了结果，并探讨了利益分配机制，得出了利益分配均衡点。本节从成员异质性视角出发，针对经典合作社理论和《农民专业合作社法》对惠顾者选择和激励的规定与农民合作社实践中惠顾者选择和激励行为之间存在冲突的现实问题，分别构建了理论分析模型，通过模型求解探讨了农民合作社的成员选择与激励机制设计问题。研究结果表明：在惠顾者异质性条件下，农民合作社应先制定好标准，根据惠顾者发送的信息来判断其是否符合合作社发展的要求。农民合作社要合理确定收益分配比率，一方面，要满足惠顾者的需求，确保惠顾者积极参与合作社事务，不发生道德风险问题；另一方面，要合理确定保留收益比例，以满足进一步发展需要。

本节所探讨的惠顾者选择及激励机制问题对农民合作社的规范运行和可持

续发展有如下启示：第一，考虑到惠顾者异质性的客观现实，对农民合作社的惠顾者选择行为要持宽容态度，不宜生搬硬套经典合作社原则和法律要求而对其过于苛求和责备，要以能否有利于促进合作社发展的要素集聚和惠顾者参与问题的解决为出发点衡量合作社惠顾者选择的具体措施；第二，基于惠顾者异质性这一前提，农民合作社要在对留存收益、成员获得收益与其预期收益进行充分的调查和摸底的基础上，合理设计惠顾者激励机制，在有利于实现组织可持续发展的同时，针对不同惠顾者的利益诉求确定差别化的收益分配机制，从而激发惠顾者参与积极性。

第二节 农民合作社内部交易关系的构成内容

分析农民合作社的惠顾者是探究内部交易关系的第一步，为揭露农民合作社内部交易关系的内容，还需要基于两类惠顾者（直接惠顾者、间接惠顾者）如何参与农民合作社的运营，探究直接惠顾者与间接惠顾者之间会产生什么样的交易关系。

一、经济理性与惠顾者的参与

不同惠顾者都是理性的个体和组织，由于其资源禀赋不同，在合作社内部的社会交换中处于不同位置，从而在农民合作社中会以不同的形式参加合作社的生产经营活动。

（一）出资参与

在惠顾者的出资参与方面，对于农民合作社而言，惠顾者的出资不仅是资格股，而且是用实际行动支持合作社的发展，更是惠顾者参与合作社扣除按交易量返利以后的可分配盈余处置的主要依据。考虑到直接惠顾者货币资本有限的现实,《农民专业合作社法》在制度上没有明确规定惠顾者必须人人出资的相关条款,这使得农民合作社的出资结构呈现出复杂多元的局面。少数间接惠顾者拥有人力资源、资本资源和社会资源等稀缺资源,他们是这些关键生产要素的所有者,确保其对投入的这些要素的控制权和收益权对他们而言至关重要。如果合作社按照产品交易(量)额来安排产权结构,那么间接惠顾者投入的资本资源、人力资源以及社会资源的控制权和收益权难以体现。虽然资本资源、人力资源以及社会资源从产权的属性上归间接惠顾者所有,然而一旦他们将其投入合作社则很难排除直接惠顾者的使用并从中受益。例如,直接惠顾者可以通过加入农民合作社,分享间接惠顾者的销售渠道、生产技术以及社会关系等资源,并获得这些资源的部分收益。在对其所投入的资本资源、人力资源和社会资源要素产权残缺的条件下,由于对社会资源和人力资源的贡献进行直接量化比较困难,间接惠顾者必然出现多出资的状况。间接惠顾者可以通过在合作社占有相对多数的出资份额,获得合作社的实际控制权,进而通过有利的剩余分配方式实现对投入合作社的稀缺资源的控制权和收益权。此外,直接惠顾者也会基本认可间接惠顾者占有相对多数份额的出资模式,这主要在于:在自身农资采购、生产技术、农产品销售和社会网络资源等方面都面临实际困难的情况下,能否解决这些实际问题是直接惠顾者关心的重点。

在采用股份化的资本结构下,直接惠顾者一般要有一定出资。这既是间接惠顾者的"强制"行为,因为让直接惠顾者出资可以减少其机会主义行为,然而,间接惠顾者不会让直接惠顾者出资过多,否则他们的权益将会被稀释;也是直接惠顾者的"自愿"行为,因为通过出资不仅可以获得合作社的使用权,还可以取得对合作社盈余的分配权,然而,出于资本资源有限和不愿承担过多风险等考虑,直接惠顾者一般也不会出资太多。对投入合作社的资本金,直接惠顾者拥有占有权(在退出合作社时,可以退回出资)、使用权(可以向合作社投售产品和使用合作社提供的服务等)以及收益权(依据出资份额分配合作社部分盈余),但一般没有转让权。由此可见,在惠顾者资源禀赋差异的条件下,农民合作社在出资结构上必然形成少数大出资者(间接惠顾者)与多数小出资者(直接惠顾者)并存的格局。

(二)管理参与

惠顾者的管理参与是指其通过正式(在社员大会或者代表大会发表意见以及投票等)与非正式(通过异议、发牢骚等方式向理事会、监事会以及专门机构提出个人的一些意见与建议,进而影响合作社的日常经营管理活动)的方式参与合作社的重大事项决策管理。需要特别指出的是,由于绝大多数农民合作社规模不大、实力有限,没有聘请职业经理人,合作社的权利决定机构(理事会)和权利执行结构(经营层)往往合而为一,因此理事会所进行的职业活动是惠顾者管理参与行为的关键。

在惠顾者资源禀赋差异条件下,间接惠顾者提供了农民合作社创建和发展所需要的资本资源、人力资源以及社会资源等关键生产要素。由于"先天"掌握合作社经营管理所需要的资源,如物资资本、企业家才能和社会关系等,间接惠顾者拥有合作社生产经营上的自然控制权。由于拥有相对多数的出资份额,因而间接惠顾者更有可能获得与经营管理相联系的剩余控制权;由于出资分散和个体出资单薄,因而直接惠顾者会将与股权相联系的剩余控制权(投票、异议和退出)留给自己,而将与经营相联系的剩余控制权委托给间接惠顾者组成的管理者。从农民合作社管理者选择的角度来看,当惠顾者成为合作社的出资者时,剩余控制权可以派生出两个子控制权:一是惠顾者在合作社的管理者选择方面具有最终控制权——选择控制权;二是管理层一旦被任命就具有合作社经营方面的控制权——经营控制权。选择控制权使惠顾者有权决定是自己还是别人,是甲惠顾者还是乙惠顾者来行使合作社的经营控制权。在缺乏外部企业家市场的情况下,惠顾者只能在合作社的内部选择管理者。由于间接惠顾者为合作社的创建和发展提供了关键生产要素和专用资产,承担了合作社创建的组织成本和经营风险,于是他们理所当然地希望拥有合作社的经营控制权,所以会选择自己作为合作社的管理者。直接惠顾者由于自身不具备管理者的素质,于是倾向于选择间接惠顾者当管理者,这是因为:一是间接惠顾者相对更具备经营管理能力,二是间接惠顾者对合作社进行了较多的投入,相对更可信。基于此,在农民合作社内部,无论是从稀缺贡献的角度,还是从经营管理能力的角度,或者惠顾者选择的角度,间接惠顾者都相对更容易进入合作社的理事会和监事会等管理层,掌握自然控制权的同时获得主要剩余控制权。

直接惠顾者也拥有合作社的剩余控制权,主要体现在与其拥有的合作社的出资相对应的选择控制权,如投票、异议和退出等,但是这种剩余控制权的影响相对而言是有限的。因此,在惠顾者资源禀赋差异条件下,农民合作社控制权的分配具有非均衡性,所谓"民主管理"在多数情况下很难真正付诸实践。实际情况也确实如此,合作社的经营决策事务主要由间接惠顾者组成的理事会、监事会把握,直接惠顾者对合作社事务大多不太关心。

(三)业务参与

业务参与是指惠顾者通过产品参与(生产的农产品交售给合作社或者通过合作社购买农业投入品)和服务参与(技术培训、标准化生产等)参加合作社的组织运行活动。在产品参与方面,间接惠顾者由于已经对合作社进行了较多投入,并且将自己的生产与合作社绑定在一起。因此,他们会将全部产品都通过合作社进行销售。与价格优惠相比,农民合作社的惠顾额返还制度更为合理、正规以及稳定。然而,直接惠顾者更愿意采取以比市场价优惠的价格将产品销售给农民合作社,直接变现收益,他们通常不太愿意接受合作社本来应有的结算方式:先将产品按照内部价格交售给合作社,由合作社统一组织销售,再按照惠顾额返利。由此可见,直接惠顾者与合作社的关系像市场买卖关系,交易关系并不稳定。一旦其他市场主体所出的收购价格高于合作社所给的价格,直接惠顾者就可能会毁约不把产品交售给合作社,转而把产品交售给其他市场主体。当然,在那些经营状况良好、操作比较规范有序、市场效益较好的农民合作社中，直接惠顾者通常情况下也会获得基于惠顾额返利的部分收益。

在服务参与方面，作为以服务惠顾者为宗旨的组织，农民合作社都会为惠顾者提供技术培训，促成信息与经验共享，帮助惠顾者提高生产和经营能力。尽管各种专业化服务不能为惠顾者带来直接的经济收益，但是为了合作社的发展，间接惠顾者一般会积极主动地利用合作社平台为直接惠顾者提供各类服务，并鼓励和引导直接惠顾者的参与。因为免费，甚至有时候还有一定的额外贴补，在多数情况下直接惠顾者都愿意参与服务，并尽可能享受合作社提供的各种服务。然而，由于多数农民合作社尚处于成长初期，其开展专业化服务的能力还比较薄弱，因而惠顾者的服务参与存在形式单一、内容较少的问题。

通过上述比较和分析可以发现，农民合作社的直接惠顾者与间接惠顾者在参与行为方面具有明显的差异。一般而言，间接惠顾者的出资参与、管理参与和业务参与较强，而直接惠顾者在这三个方面都相对较弱，如表4-2所示。

表4-2　惠顾者的三种参与行为比较

参与方式	间接惠顾者	直接惠顾者
出资参与	强	弱
管理参与	强	弱
业务参与	强	弱

二、内部交易关系的构建

如前所述，直接惠顾者与间接惠顾者参与农民合作社经营的途径主要有：出资参与、管理参与和业务参与。这使农民合作社内部存在两类交易关系：业务交易关系与治理交易关系，如图4-3所示。业务交易关系主要与直接惠顾者和间接惠顾者的业务参与有关，治理交易关系主要与出资参与和管理参与有关。

第四章 农民合作社内部交易关系的构建

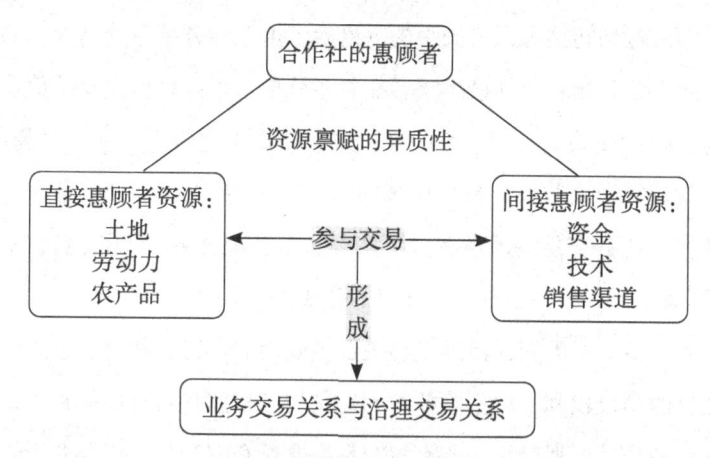

```
              合作社的惠顾者
             /              \
         资源禀赋的异质性
    ┌──────────┐         ┌──────────┐
    │直接惠顾者资源：│←─参与交易─→│间接惠顾者资源：│
    │   土地    │         │   资金    │
    │  劳动力   │         │   技术    │
    │  农产品   │    │    │  销售渠道  │
    └──────────┘    形    └──────────┘
                    成
                    ↓
            ┌──────────────────┐
            │业务交易关系与治理交易关系│
            └──────────────────┘
```

图 4-3 农民合作社内部交易关系的构建逻辑

业务交易关系主要涉及直接惠顾者与间接惠顾者的交易内容。因此，针对的是直接惠顾者与间接惠顾者之间的每一笔具体交易。基于是否通过市场化定价，双方的业务交易能够被划分为市场交易、非市场交易以及处于市场交易与非市场交易之间的状态。此外，直接惠顾者与间接惠顾者可以通过如下两种方式进行业务交易：一是交换，双方基于透明的市场价格交换农资或者农产品，那么此时双方的业务交易为市场交易。二是合作，直接惠顾者投入土地和劳动力，间接惠顾者投入资金与技术，共同生产某种农产品。相对于投入的资源：土地、劳动力、资金以及技术，最终生产出来的农产品具有增值性。那么，双方可以通过相应的谈判来分配农产品的价值。因此，此时的业务交易为非市场交易。此外，直接惠顾者与间接惠顾者还能以市场价格作为参考通过协商形成的价格进行农资或者农产品的交换，这使交易处于市场交易与非市场交易之间的状态。需要注意的是，直接惠顾者与间接惠顾者对某种农资或农产品具有不同的价值评判，是双方进行交易的前提。换句话说，只有当某种农资或农产品对直接惠顾者与间接惠顾者具有不同的效用时，双方才会进行交易。例如，直接惠顾者对某种农产品的价值评判是每单位50元，而间接惠顾者的价值评判是每单位60元，那么这一单位的农产品就能以50～60元的价格，从直接惠顾者的手中流转到间接惠顾者的手中。最后，由于业务关系交易针对的是具体交易，因此直接惠顾者与间接惠顾者在收益分配上可以根据交易价值、交易成本及交易风险对交易的影响程度，来决定谁获得固定收益，谁获得剩余收益，还是双方均获得剩余收益（最后体现的是分成）。基于此，直接惠顾者与间接惠顾者建构的业务交易关系存在如下四种基本分配方案：（不交易，不交易）、（固定，剩余）、（剩余，固定）、（分成，分成）。

与业务交易关系不同，治理交易关系主要面向农民合作社的惠顾者，针对的是惠顾者的剩余权利，包括收益权和控制权。按照是否有所有权关系，合作社内部的治理交易可划分为：所有权交易、非所有权交易，以及介于这两者之间的状态。值得注意的是，所有权交易可理解为农民合作社惠顾者之间股权的转移。当一名惠顾者决定退出合作社时，他可以将自己的股权转让给其他成员（可以是同类型的惠顾者，也可以是非同类型的惠顾者）。这种所有权交易可以通过协商和合作社章程中规定的程序进行。不同的是，非所有权交易可以被理解为农民合作社惠顾者之间不存在股权的转移。在治理交易关系上可以有不同的表现形式：非所有权（双方不存在对合作社控制权、收益权的分割），优先股等形式（部分收益权），参股（部分控制权、收益权，比例相对低），控股（部分控制权、收益权，比例相对高），纯所有权或者全资控股（完全的控制权、收益权）。由于治理交易关系的交易主要针对的是惠顾者，在收益分配上，主要根据交易价值、交易成本、交易风险对交易双方的影响程度来决定谁控股，谁被控股，还是双方共同参股。基于此，由直接惠顾者和间接惠顾者构建的治理交易关系至少存在（非所有权，非所有权）、（被控股，控股）、（控股，被控股）、（参股，参股）四种基本分配方案以及考虑不同股份比例的多种衍生分配方案。

在农民合作社内部，业务交易关系和治理交易关系可以被同时构建。以直接惠顾者和间接惠顾者的交易为例，从理论上看，在业务交易关系上有（不交易，不交易）、（固定，剩余）、（剩余，固定）、（分成，分成）等四种分配方案；在治理交易关系上有（非所有权，非所有权）、（控股，被控股）、（被控股，控股）、（参股，参股）等四种情况。进而，结合业务交易关系四种基本分配方案、治理交易关系四种基本分配方案，同时包含业务交易关系与治理交易关系至少可以构建出十六种基本分配方案，然后还可以衍生出更多方案。以直接惠顾者和间接惠顾者为例，在治理交易关系上为（被控股，控股），业务交易关系上为（固定，剩余）。根据交易价值、交易成本及交易风险对交易的影响程度，在治理交易关系上，间接惠顾者控股直接惠顾者，这表明间接惠顾者能创造更大的交易价值，而直接惠顾者在这方面的贡献较少。然而，在业务交易关系上，直接惠顾者获得固定收益，间接惠顾者仅获得剩余收益，即直接惠顾者销售产品给间接惠顾者，间接惠顾者以合作社的名义卖给消费者，由间接惠顾者定价。这意味着间接惠顾者需要对交易产出有正向影响，而双方的交易成本和交易风险都较低。

第五章 农民合作社内部交易关系的异变

本章将分析农民合作社内部交易关系变异的情形,即在农民合作社内部,业务交易关系与治理交易关系异变后的状态有哪些、异变机理如何,以及异变后对农民合作社有什么样的影响。

第一节 农民合作社内部交易关系异变的图景

在农民合作社内部,业务交易关系与治理交易关系的收益权和控制权可以是一致的,在早期的传统合作社(规范意义上的合作社)中体现得尤为明显。这类合作社有四大原则:共同出资、共同经营、共担风险、共享利润。体现在内部交易关系上,就是业务交易关系与治理交易关系的高度合一。然而,在合作社交易关系的演化过程中,业务交易关系和治理交易关系分离的场景日益明显。鉴于此,本书认为:农民合作社内部交易关系的异变主要是指业务交易关系和治理交易关系出现分离或者错位。因此,从一般意义上看,内部交易关系异变存在两种基本图景:业务交易关系与治理交易关系同时存在;业务交易关系与治理交易关系的分离。

一、业务交易关系与治理交易关系同时存在

在合作社成立之初,直接惠顾者与间接惠顾者一般会按照"共同出资、共

同经营、共担风险、共享利润"的原则来经营合作社,并且分享合作社的盈余。此时,业务交易关系与治理交易关系的收益权和控制权高度一致,也就是说,业务交易关系与治理交易关系在合作社内部能够得以同时构建。实践中,在业务交易关系上不存在(不交易,不交易)的分配方案。进而,结合业务交易关系剩下的三种分配方案与治理交易关系的四种基本分配方案,合作社内部此时可以产生出十二种分配方案。具体而言,在业务交易关系上,直接惠顾者与间接惠顾者可以选择(固定,剩余)、(剩余,固定)、(分成,分成);在治理交易关系上,直接惠顾者与间接惠顾者有(非所有权,非所有权)、(控股,被控股)、(被控股,控股)、(参股,参股)四种情形。考虑到(固定,剩余)与(剩余,固定);(控股,被控股)与(被控股,控股)仅涉及直接惠顾者与间接惠顾者角色的转换,因此为便于分析且不失一般性,接下来的分析选定(固定,剩余)与(控股,被控股)两种情形。基于此,合作社内部存在六种基本分配方案,如表5-1所示。

表5-1 业务交易关系与治理交易关系结合的基本分配方案

业务交易关系	治理交易关系		
	(非所有权,非所有权)	(控股,被控股)	(参股,参股)
(固定,剩余)	(非所有权,非所有权) (固定,剩余)	(控股,被控股) (固定,剩余)	(参股,参股) (固定,剩余)
(分成,分成)	(非所有权,非所有权) (分成,分成)	(控股,被控股) (分成,分成)	(参股,参股) (分成,分成)

接下来,对表5-1中的六种情形进行深入分析。

情形1:(非所有权,非所有权);(固定,剩余)。在此情形下,直接惠顾者与间接惠顾者不存在对合作社控制权和收益权的分割,仅通过纯粹的业务交易进行联系。例如,直接惠顾者在付出单位成本c收获一批数量为Q的农产品后以价格w出售给间接惠顾者,然后间接惠顾者以价格p在市场上进行销售,最终直接惠顾者获得收益$(w-c)Q$;间接惠顾者获得收益$(p-w)Q$。

该分配方案意味着，一方面，直接惠顾者与间接惠顾者对合作社的持续发展与盈利能力贡献较低。换句话说，合作社的持续发展与盈利能力不受直接惠顾者与间接惠顾者资源能力的影响，否则在治理交易关系上不会存在（非所有权，非所有权）的分配方案。另一方面，直接惠顾者获得的收益不受其自身拥有的资源或者努力程度的影响，即 $(w-c)Q>0$ 且恒定；间接惠顾者拥有的资源或者努力程度对其收益产生正向影响，如 p 受间接惠顾者努力的影响且 $(p-w)Q>0$ 且不为定值。

情形 2：（非所有权，非所有权）；（分成，分成）。在此情形下，直接惠顾者与间接惠顾者仍然不存在对合作社控制权和收益权的分割，仅通过纯粹的业务交易关系进行联系，然而值得注意的是，双方此时会组成一个"利润共享"的利益共同体。例如，直接惠顾者付出单位成本 c 收获一批数量为 Q 的农产品，然后转交给间接惠顾者以价格 p 在市场上销售，最后直接惠顾者获得收益 $\gamma(p-c)Q$；间接惠顾者获得收益 $(1-\gamma)(p-c)Q$，其中 $0\leqslant\gamma\leqslant1$。之所以在业务交易关系上会选择（分成，分成）的方案，是因为直接惠顾者通过努力可以降低收获成本 c，同样地，间接惠顾者凭借拥有的资源或者努力程度可以提高销售价格 p。也就是说，直接惠顾者与间接惠顾者拥有的资源或者能力对业务交易产出有正向影响且受其努力程度影响。

情形 3：（控股，被控股）；（固定，剩余）。在治理交易关系上，直接惠顾者掌握合作社的控制权，即直接惠顾者控股间接惠顾者，这说明此时直接惠顾者拥有的资源或者能力对合作社的持续发展与盈利能力贡献较高，而间接惠顾者对合作社的持续发展与盈利能力贡献较低。换句话说，合作社的持续发展与盈利能力受直接惠顾者资源能力的影响且不受间接惠顾者资源能力的影响，从而使直接惠顾者控股间接惠顾者。在业务交易关系上，直接惠顾者获得固定收益而间接惠顾者获得剩余收益，具体如情形 1 的分析所示。

情形 4：（控股，被控股）；（分成，分成）。该情形说明，一方面，合作社的持续发展与盈利能力受直接惠顾者资源能力的影响且不受间接惠顾者资源能力的影响，具体如情形 3 的分析所示；另一方面，直接惠顾者与间接惠顾者拥有的资源或者能力对业务交易产出有正向影响且受其努力程度影响，具体如情形 2 的分析所示。

情形 5：（参股，参股）；（固定，剩余）。在治理交易关系上此时可能存在两种情形：一是，直接惠顾者与间接惠顾者拥有的资源或者能力对合作社的持续发展与盈利能力影响较高，从而使双方共同控制并管理合作社，此时双方的持股比例可能较高；二是，直接惠顾者与间接惠顾者拥有的资源或者能力对合作社的持续发展与盈利能力影响较低，从而使双方共同参与合作社的管理，此时双方的持股比例可能较低。在业务交易关系上，直接惠顾者获得的收益不受其自身拥有的资源或者努力程度的影响；间接惠顾者拥有的资源或者努力程度需要对其收益产生正向影响，具体如情形 1 的分析所示。

情形 6：（参股，参股）；（分成，分成）。在治理交易关系上此时可能存在两种情形：一是，直接惠顾者与间接惠顾者拥有的资源或者能力对合作社的持续发展与盈利能力影响较高，从而使双方共同控制并管理合作社，此时双方的持股比例可能较高，如情形 5 的分析所示；二是，直接惠顾者与间接惠顾者拥有的资源或者能力对合作社的持续发展与盈利能力影响较低，从而使双方共同参与合作社的管理，此时双方的持股比例可能较低。在业务交易关系上，直接惠顾者与间接惠顾者可能会组成一个利益共同体，按照一定的比例分配交易产生的价值，具体如情形 2 的分析所示。

二、业务交易关系与治理交易关系的分离

前文分析了合作社内部同时存在业务交易关系与治理交易关系的情形，然而合作社内部交易关系形成以后并不会一成不变。随着合作社内部交易关系的不断演化，业务交易关系与治理交易关系分离的情景可能越来越多，甚至可能

出现（有业务交易关系；无治理交易关系）或者（无业务交易关系；有治理交易关系）的局面，如图 5-1 所示。

业务交易关系 治理交易关系 —分离→ 业务交易关系 治理交易关系 —分离→ 业务交易关系 治理交易关系

图 5-1　合作社内部交易关系的异变

基于上述分析，称业务交易关系与治理交易关系的分离为合作社内部交易关系的异变，且主要表现在如下方面：一是，越来越多不同类的惠顾者参与合作社内部交易关系的建构，从而分割治理关系的收益权与控制权。惠顾者结构是一个彼此资源能力互补的结构，可以同时包括农产品提供方、资金提供方、技术提供方以及市场销售开拓方等。由于不同类的惠顾者对合作社的贡献不同，因此可能会衍生出不同的分配方式来分配相应的收益权和控制权。二是，不同惠顾者的贡献不同，各类惠顾者的收益与贡献都需要找到相应的匹配。如何将收益权与控制权切割给不同的惠顾者，让他们的贡献、风险承担与之匹配是关键。在这些收益权和控制权的分配方式下，部分治理交易关系和业务交易关系一致，部分治理交易关系和业务交易关系不一致，交易关系从而异变出更多样化的形态。例如，在一个合作社中，有些直接惠顾者只能提供劳动力与农产品（只有业务交易关系）；另一些直接惠顾者除了提供劳动力与农产品之外还能提供相应的资金（既有业务交易关系也有治理交易关系）。三是，技术演化重构了业务交易关系和治理交易关系。技术演化催生了可以评估"同类及多个不同惠顾者"贡献的可能性，不仅使业务交易关系中的合作形式成为可能，而且提高了在交易过程中对不同类成员的贡献评估。这时可能会出现两种分离：一种是业务交易关系得到了更进一步的扩张，但在治理交易关系方面，某些利益主体并不需要用所有权去约束；另一种是治理交易关系扩张了，业务交易关系却变化不大。接下来，对（有业务交易关系；无治理交易关系）与（无业务交易关系；有治理交易关系）这两种情形进行分析。

(1) 有业务交易关系；无治理交易关系。当合作社内部只有业务交易关系而无治理交易关系时，合作社的直接惠顾者与间接惠顾者通过不具有严格约束力的协议进行合作。例如，间接惠顾者凭借其资源从市场上以价格 C 购买农业生产所需要的资料（如种子、农药以及化肥），然后将其以价格 W 转售给直接惠顾者。直接惠顾者基于生产资料进行农业生产，然后将农产品以价格 P 出售给间接惠顾者，由其在市场上以价格 V 进行二次销售，如图 5-2 所示。基于前文分析，直接惠顾者与间接惠顾者此时在业务交易关系上有三种分配方案，即（固定，剩余）、（剩余，固定）、（分成，分成）。由谁获得剩余、谁获得固定，这主要取决于获得的收益是否受拥有的资源或者努力程度的影响。例如，当间接惠顾者拥有的资源或努力程度需要对其收益产生正向影响时，那么间接惠顾者获得剩余，即获得 $(W-C)+(V-P)$。值得一提的是，当直接惠顾者与间接惠顾者拥有的资源或者能力对业务交易产出均有正向影响且受其努力程度影响时，此时直接惠顾者与间接惠顾者均会获得剩余，即直接惠顾者获得 $\gamma(V-C)$；间接惠顾者获得 $(1-\gamma)(V-C)$，其中 $0 \leq \gamma \leq 1$，从而在业务交易关系上表现为（分成，分成）。在这种运营模式中，合作社更像是一个协会，直接惠顾者与间接惠顾者随时都可能单方面终止合作，且不会因此付出相应的成本。值得注意的是，该运营模式能使合作社组织成本和运营成本较低，有利于合作社的扩张（因为任何惠顾者均能参与到合作社交易关系的建构中）。

图 5-2 有业务交易关系无治理交易关系的运行机制

（2）无业务交易关系；有治理交易关系。当合作社内部无业务交易关系而存在治理交易关系时，合作社的直接惠顾者与间接惠顾者基于具有严格的规章制度进行协作。基于谁拥有合作社的收益权与控制权，直接惠顾者与间接惠顾者在治理交易关系上有四种分配方案，即（非所有权，非所有权）、（控股，被控股)、(被控股,控股)、(参股,参股)。值得一提的是,如果直接惠顾者与间接惠顾者拥有的资源或者能力均对合作社的持续发展与盈利能力影响较低,那么双方会选择(非所有权,非所有权);如果直接惠顾者与间接惠顾者拥有的资源或者能力均对合作社的持续发展与盈利能力影响较高,那么双方会选择(参股,参股)且此时双方的持股比例可能较高。当直接惠顾者与间接惠顾者选择(被控股,控股)时,即间接惠顾者拥有合作社的控制权,直接惠顾者可被看作合作社的"工人",为合作社生产农产品并获得一定的报酬,如图 5-3 所示。(控股,被控股)可做类似的分析。

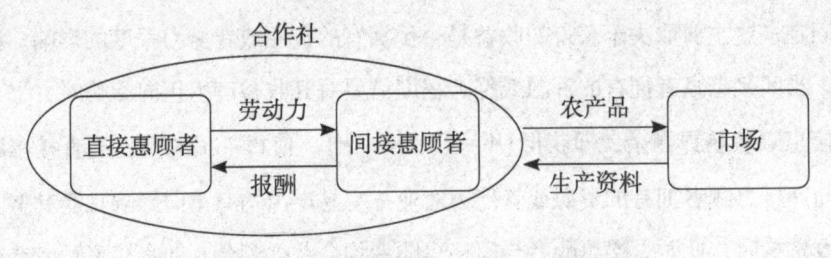

图 5-3 间接惠顾者控制合作社的运行机制

第二节 农民合作社内部交易关系异变的机理

通过对农民合作社内部交易关系的异变图景进行分析发现,导致业务交易关系与治理交易关系出现分离的根本原因在于:业务交易关系与治理交易关系的收益权和控制权发生了改变,而收益权和控制权的分配又与交易价值、交易成本和交易风险相关。因此,对于农民合作社交易关系异变的影响因素,本节以交易价值理论、交易成本理论、资源依赖理论、组织边界理论等为基础,从交易价值、交易成本和交易风险三个方面探寻影响业务交易关系与治理交易关系的收益权和控制权的因素。

一、农民合作社内部业务交易关系分配的影响因素

业务交易关系主要针对的是具体的交易,在收益分配上,由交易价值、交易成本、交易风险对具体交易的影响程度来决定。交易价值主要看直接惠顾者与间接惠顾者的资源能力对交易产出的影响如何。综合业务交易关系的交易价值、交易成本以及交易风险,能够获得剩余收益的惠顾者,一般都具备以下一点或者几点特性:资源能力对业务交易产出有正向影响且受其努力程度影响、事前搜寻成本高、讨价还价能力高、受监督的成本高、降低业务交易产出不确定性的能力强。通常而言,直接惠顾者与间接惠顾者之间的交易,对价值创造的追求是第一位的。因此,"资源能力对业务交易产出有正向影响且受利益主体努力程度影响"是主要因素;"事前搜寻成本高、讨价还价能力高、受监督的成本高以及降低业务交易产出不确定性的能力强"是调节因素。如果惠顾者具备以上特性的多个部分,应该获得剩余收益;如果不具备以上任何一个特性,或者虽然具备某些特性但影响程度较低,那么只能获得固定收益;如果双方都获得剩余收益,最后在收益分配上体现的是分成,如表 5-2 所示。

表 5-2 内部业务交易关系异变的影响因素及分配

直接惠顾者	间接惠顾者	合作社业务交易关系收益权和控制权的初始分配方案		事前搜寻成本高、讨价还价能力高、受监督的成本高、降低业务交易产出不确定性的能力强		合作社业务交易关系收益权和控制权的最佳分配方案	
资源能力对业务交易产出有正向影响且受利益主体努力程度影响		直接惠顾者	间接惠顾者	直接惠顾者	间接惠顾者	直接惠顾者	间接惠顾者
低	低	不交易	不交易	高 高 低 低	高 低 高 低	不交易 不交易 不交易 不交易	不交易 不交易 不交易 不交易

续表

直接惠顾者	间接惠顾者	合作社业务交易关系收益权和控制权的初始分配方案		事前搜寻成本高、讨价还价能力高、受监督的成本高、降低业务交易产出不确定性的能力强		合作社业务交易关系收益权和控制权的最佳分配方案	
低	高	固定	剩余	高高低低	高低高低	固定+分成 高固定+低分成 固定 固定	剩余+分成 低固定+高分成 剩余 剩余
高	低	剩余	固定	高高低低	高低高低	剩余+分成 剩余 低固定+高分成 剩余	固定+分成 固定 高固定+低分成 固定
高	高	分成	分成	高高低低	高低高低	分成 提高分成比例 降低分成比例 分成	分成 降低分成比例 提高分成比例 分成

二、农民合作社内部治理交易关系分配的影响因素

影响农民合作社内部治理交易关系的因素同样是惠顾者的资源能力，区别在于其主要考虑的是资源能力对合作社未来运营能力的影响，以及惠顾者合同外资源能力对合作社未来运营能力的影响。其中，交易成本，主要考虑的是搜寻成本、讨价还价成本和执行成本。在交易风险中，主要是对合作社未来运营不确定的影响，包括风险承担、企业家精神等。综合治理交易关系的交易价值、交易成本以及交易风险，如果惠顾者要获得合作社的治理交易关系，应该具备以下特性中的一个或几个：惠顾者拥有的资源能力对合作社未来的盈余产生正向影响，且和惠顾者不可分离；惠顾者拥有合同外的资源能力，对合作社未来的盈余产生正向影响，且和惠顾者不可分离；降低合作社内部治理关

系(所有权或非所有权)交易成本的能力;降低合作社未来盈余不确定性的能力。对于直接惠顾者与间接惠顾者而言,创造价值是组建农民合作社的主要动因。因此,惠顾者拥有的资源能力对合作社未来的盈余产生有正向影响,且和惠顾者不可分离;惠顾者拥有合同外的资源能力,对合作社未来的盈余产生有正向影响,且和惠顾者不可分离,这两个因素最重要。那么,这两个因素为主要的决策变量,形成合作社内部治理交易关系权利的初始分配。然后,通过降低合作社内部治理关系(所有权或非所有权)交易成本的能力,降低合作社未来盈余不确定性的能力这两个因素形成对合作社内部治理交易关系权利的改善分配,具体分配如表 5-3 所示。

表 5-3 内部治理交易关系异变的影响因素及分配

惠顾者拥有的资源能力对合作社未来的盈余产生有正向影响且和惠顾者不可分离,惠顾者拥有合同外的资源能力对合作社未来的盈余产生有正向影响且和惠顾者不可分离	合作社治理交易关系收益权和控制权的初始分配方案	降低合作社内部治理关系(所有权或非所有权)交易成本的能力,降低合作社未来盈余不确定性的能力	合作社业务交易关系收益权和控制权的最佳分配方案
低	非所有权	高 低	参股(股份比例较低)非所有权
高	参股	高 低	参股(股份比例提高)参股(股份比例不变)

例如,生产能力很强的直接惠顾者和具备管理才能的间接惠顾者组建农民合作社,治理交易关系应该如何进行分配。如果管理才能主要体现为执行,而合作社核心在生产能力,则可以让直接惠顾者拥有完全所有权。然而,如果间接惠顾者具备企业家精神,而这能降低合作社未来盈余的不确定性,那么间接惠顾者应该拥有部分合作社的股份。于是,合作社治理交易关系的分配就从初始的(控股,被控股)方案转变为(参股且比例较高,参股且比例较低)的方案。此外,需要指出的是,在上述讨论中,默认的是控制权和收益权一致。然

而，控制权和收益权可能是分离的。在收益权锁定的情况下，控制权实质上也是考量惠顾者是否能对合作社未来的盈余不确定性提供决策能力，因此也可以归入企业家精神。

第三节　内部交易关系异变对农民合作社绩效的作用机理

在分析农民合作社内部交易关系异变图景与机理的基础上，接下来，进一步分析内部交易关系异变对农民合作社运营绩效的影响。由于缺乏定量研究所必需的资料，因此采用案例分析的方法，从食用菌、生态农业、果蔬三个产业领域分别选取一个内部交易关系异变的农民合作社。需要指出的是，案例分析力求客观展现内部交易关系异变的农民合作社的运营，不作主观分析。此外，案例资料主要来源于笔者对内部交易关系异变的农民合作社的调研。

一、内部交易关系异变的农民合作社运营实践

（一）湖北省谷城县金盆岭食用菌合作社

为振兴优势特色产业，2015年，湖北金盆岭菌业有限公司联合当地50个农户，共同发起成立谷城县金盆岭食用菌合作社，合作社出资总额1500万元，其中农户成员出资额130万元。合作社业务覆盖菌种菌棒生产、种植基地、技术服务、烘干保鲜、加工包装、冷链配送等，集种植、销售、仓储物流服务于一体。该合作社已成为谷城县首家跨区域从事食用菌生产的农民合作社。

合作社按照相关法律法规制定了合作社章程，并按照章程规定，建立了理事会、监事会和成员大会等管理机构。每年定期召开两次成员（代表）大会，研究决定重大事项，理事会负责执行，监事会跟踪监督。合作社先后建立和完善民主决策、财务管理、成员登记、成员年会和重大事项报告等制度，不断

强化自身建设，为合作社健康运转提供了可靠的制度保障。合作社落实盈余返还，保障成员收入。合作社每年根据当年经营收入、利润水平等情况，制定盈余分配方案，为每位成员设立成员账户，提取60%以上的盈余给农户成员返利。2020年，合作社成员人均收入比当地农民人均纯收入高出20%以上。

首先，合作社为农户成员统一提供菌种，在保证种子质量的同时，降低了农户购种成本，实现了成员的良种全覆盖。合作社通过免费培训和现场讲解，让种植户自己比较传统种植与现代管理的效益差别，逐步改变传统粗放式种植习惯，统一采用标准化种植操作规程。其次，合作社坚持从源头上管理农产品质量安全，严把生产环节农业投入品关，并定期对基地管理人员和农户开展技术指导和培训，确保合作社以及基地全部达到标准化生产。最后，为稳定发展食用菌生产基地，合作社实行统一生产、统一销售，切实维护成员经济利益。合作社与成员签订种植收购合同，明确约定基地产品统一收购、实行价格保障等事项，产品回收率达到90%以上。仅通过高于市场价收购这一项，成员农户亩均净增收3000元左右。

（二）山东省东营市河口区天河湾生态农业农民合作社

2012年，东营市河口区新户镇太二村村委会主任受村党支部委托，牵头组织本村与邻村的科技示范户、生产经营大户等，以资金和土地、机械设备等作价出资，成立河口区天河湾生态农业农民合作社，成员132人。2020年7月，合作社驻地所在村实施村庄优化建制，成立万兴新村，合作社也随之进行改组，由原有的太二自然村党支部领办合作社改制为万兴新村党委领办合作社。合作社改组后，吸纳万兴新村村民以土地、果树等作价出资，成员扩充到340人，占万兴新村常住人口的37.5%。资产重组后村集体以土地、置业、资金等形式占出资额的41.7%，农户成员占出资额的58.3%。村集体从合作社获得的盈余收入按照集体成员占股比例进行分配。合作社每年通过农业生产取得的经营盈余，首先提取10%的公积公益金，然后按照成员与合作社交易额比例进行分配。对合作社运营农旅项目的经营盈余，按照成员出资额进行分配。

合作社依托种植规模优势，建设了 500 平方米的果品分拣配送中心，建成 1000 吨冷鲜库，构建起集果品质量溯源、分选包装、仓储物流为一体的现代化果品流通体系。合作社积极开展线上线下营销，入驻抖音、快手、淘宝、京东等线上平台，制作上传 140 余小时的合作社果蔬管理视频素材，线下与大型商场、超市建立长期合作关系，形成了种植、分选、包装、仓储、物流、销售的完整产业链条，增强了合作社抵抗市场风险的能力。2021 年，合作社生产加工优质水果 4700 吨，实现产值 1100 万元。2022 年，合作社探索"金蝉+有机果品"立体种养模式，树上结苹果、树下养金蝉，实现一地多收。100 亩试验田共计获得金蝉收入 94 万元、苹果收入 50 万元，亩均产值达 1.44 万元。

（三）山东省寿光市众旺果蔬合作社

山东省寿光市众旺果蔬合作社成立于 2014 年 5 月，位于寿光市稻田镇崔岭西村。合作社依托村党支部领办优势，吸纳全村 60% 的村民入社发展大棚蔬菜种植，积极开辟国内外两个市场，获评粤港澳大湾区"菜篮子"生产基地、冬奥会蔬菜直供基地，成为全国 50 个蔬菜质量标准中心试验示范基地之一，获得中国和全球良好农业规范体系双认证。2021 年，合作社所在的崔岭西村人均年收入达 4.2 万元，户均存款超过 30 万元，村集体收入实现 430 万元。

崔岭西村共有村民 226 户 880 人，其中党员 30 名，耕地面积 1500 亩，是一个典型的农业村，以种植大棚蔬菜为主要产业。为统一品种、统一品牌、统一销售渠道，村党支部领办成立了众旺果蔬专业合作社，由 13 名党员主动带头，把群众组织起来，规范种植行为，抱团开辟市场。合作社鼓励村民以土地、资金等方式出资加入合作社，并将村集体吸纳为团体成员。合作社实行村集体、合作社和农户利益共享、风险共担的联结机制，全村以土地经营权作价出资的成员有 133 户，每亩为 1 股，共计 200 股；以现金出资的成员有 163 户，累计出资 109.05 万元，300 元为 1 股，共计 3635 股；村集体以集体复垦的200多亩土地出资入社。合作社以高于市场价0.4至0.6元/千克的价格收购成员种植的蔬菜，成员年增收2万元。

为提高资源利用率，合作社对入社土地进行统一规划建设，共建成智能大棚40个，集中配套了用水、用电、硬化、绿化、亮化、监控等设施设备，统一协商定价，将智能大棚分配给成员管理。智能大棚配备了自动卷帘机、放风机、雾化机、植物生长灯、水肥一体机等，农户通过手机就能完成遥控放风、补光、加湿、浇水、施肥等操作，每个蔬菜大棚节约劳动力50%，亩产效益提高了将近30%，每个大棚年收入达20万元。

合作社严格执行"六统一"管理模式：统一技术服务、统一农资供应、统一生产管理、统一质量检测、统一产品包装、统一品牌销售。为确保产品质量，大力推广"良田良品"项目，通过增施有机肥、使用熊蜂授粉等绿色生产技术，提高土壤品质；与菜农之家联合社合作，定期为蔬菜大棚进行测土配方施肥，防止土壤板结、营养流失。2020年，合作社注册了"崔西一品"商标，借助国内电商和边贸蔬菜销售渠道进行品牌营销，拉动蔬菜价格每千克提高10元左右。

二、内部交易关系异变对农民合作社绩效的影响

在分析内部交易关系异变的合作社运营实践的基础上，为了深入揭示内部交易关系异变对农民合作社绩效的影响，将上述三个案例总结到表5-4中。

表5-4 案例总结

合作社名称	湖北省谷城县金盆岭食用菌合作社	山东省东营市河口区天河湾生态农业农民合作社	山东省寿光市众旺果蔬合作社
成立时间	2015年	2012年	2014年
合作社形式	公司领班	党委领办	村党支部领办
性质	异化	异化	异化

续表

合作社名称	湖北省谷城县金盆岭食用菌合作社	山东省东营市河口区天河湾生态农业农民合作社	山东省寿光市众旺果蔬合作社
主营业务	食用菌	苹果、金蝉	大棚蔬菜
经营效果	好	好	好
盈利能力	强	强	强
农户参与度	高	高	高
农户参与形式	参与经营	务工	参与经营
内部交易频率	高	低	高
外部交易频率	高	高	高
内部管理制度	健全	健全	健全

异化的合作社均突破合作社底线，通过流转土地搞规模化种植，社员不参与日常经营管理决策活动，所有者与惠顾者身份出现背离。不但能够降低交易不确定性，还利用生产端规模优势提升与下游采购商议价能力，降低交易过程中产品交易频率高带来的不利影响。上述三个异化合作社案例显示，合作社通过嵌入社区（经营活动被村社所"俘获"来获得基层社区的支持），以权威治理来减小由交易不确定性和交易频率高所带来的不利影响，从而有效降低交易成本。抑或是合作社通过流转土地搞规模化自营，成为实质上的股份制公司，社员的股东身份与成员惠顾者身份分离。合作社可利用纵向一体化经营模式解决交易成本高的问题。异化的合作社是顺应市场的结果，但其经营实质上已经脱离合作社的本质规定。再用合作社的标准去考核与扶持其发展，只会影响合作社建设的正确方向，合作社异化将更为普遍，传统合作社生存空间将更为狭窄。

第六章　农民合作社内部交易关系异变的适应性治理机制

在具有不确定性和丰富内容的内部交易关系中，选择恰当的治理机制是管理和维持农民合作社交易关系、推动农民合作社发展的重要手段。然而，现有研究还未对"合作社应该采取什么样的治理机制，来应对农民合作社交易关系的异变产生的问题"这一话题进行探讨。鉴于此，在农民合作社内部交易关系异变的基础上，本章将分析在农民合作社交易关系的不同构成情境下治理机制的选择，并深入探讨成员在不同治理机制上的行为博弈以及治理机制的运行机理，以期形成对如何管理农民合作社交易关系的理论与实践解释。

第一节　内部交易关系异变下的非货币资本作价出资机制

一、问题的提出

在传统的农民合作社中，治理交易关系与业务交易关系高度统一，这主要体现在：除了出资入股农民合作社外，农民合作社的直接惠顾者还会在自己的土地上种植农产品，并将收获的产品出售给农民合作社。由于直接惠顾者的资源能力相对较差，主要拥有土地与劳动力等资源，因此在出资入股的过程中，直接惠顾者通常以土地经营权作价出资。❶据《中国农村合作经济统计年报（2021年）》显示，截至2021年底，全国在工商部门登记注册的农民专业合作社中开展了土地经营权作价出资的合作社数为71586个，土地经营权作价出资的成员约858.06万个，作价出资土地面积约2694.15万亩。❷需要注意的是，土地经营权作价出资将使直接惠顾者失去"土地"，难以与农民合作社进行产品交易。因此，土地经营权作价出资会致使农民合作社的治理交易关系与业务交易关系发生分离，即内部交易关系异变。

受实践驱动，土地经营权作价出资农民合作社在理论界受到高度关注。基于对已有研究的梳理，关于"土地经营权作价出资农民合作社"的研究主要聚焦在"作价出资前入股对象的探讨"与"作价出资后如何分配收益"这两方面。关于土地经营权入股的对象，吴义茂认为相较于股份合作社与农民专业合作社，有限责任公司在法律特性上与土地经营权入股更为契合，是较为理想的入股对象。❸于新循和薛贤琼指出土地经营权入股农民专业合作社更能契合农村的发展实际，从而有效激活农村经济。❹杨红朝认为应该修改《农村土地承包法》，对以家庭承包方式取得的土地承包经营权入股进行限制性规定，从而为土地经营权入股农民专业合作社提供法律保障。❺值得注意的是，王琳琳指出股份合作社、农民专业合作社以及公司都应当成为土地经营权入股组织形式

---

❶《农民专业合作社法》第13条规定："农民专业合作社成员可以用货币出资，也可以用实物、知识产权、土地经营权、林权等可以用货币估价并可以依法转让的非货币财产，以及章程规定的其他方式作价出资。"

❷ 农业农村部农村合作经济指导司.中国农村合作经济统计年报（2021年）[M].北京：中国农业出版社，2022.

❸ 吴义茂.土地承包经营权入股与农民专业合作社的法律兼容性[J].中国土地科学，2011，25（7）：31-36.

❹ 于新循，薛贤琼.论"空壳社"的破产退出：基于土地经营权入股的考量[J].四川师范大学学报（社会科学版），2021，48（4）：87-94.

❺ 杨红朝.土地承包经营权入股农民专业合作社法律问题探讨[J].河北法学，2011，29（6）：26-32.

第六章 农民合作社内部交易关系异变的适应性治理机制

的应然选择。❶ 无论是入股股份合作社、农民专业合作社还是公司，对于直接惠顾者而言，入股的目的在于分享盈余。❷ 为此，部分学者对"以土地经营权入股的直接惠顾者如何分享合作社的盈余"进行了探讨。裴宝莉认为土地经营权入股须秉持"保底收益+按股分红"的分红政策。❸ 相关学者对"保底收益+按股分红"作出了相应解读，王国平指出土地经营权入股农民合作社的保底分红应是"预付红利+年底分红"而不是"租金+分红"；入股农民合作社的土地经营权分红是按股分红而不是按交易额分红。❹ 此外，梁清华等指出为使农民股东的保底收益落到实处，除了实行优先股制度外，还需以非农民股东的保底协议作为非累积优先股的担保和补充。❺ 上述研究为土地经营权作价出资入股农民合作社的实践提供了有益参考，同时也为本研究提供了启发。

基于上述实践与理论不难看出，直接惠顾者与农民合作社之间在土地经营权作价出资方面存在"合作"的可能，即为增强实力与提高收益，直接惠顾者有动力将土地经营权作价出资合作社；为在更大范围与更高层次上推进农业产业化经营，农民合作社有意愿吸纳直接惠顾者的土地经营权。然而，值得注意的是，直接惠顾者与农民合作社之间的"合作"是含有"竞争"的"合作"。当以土地经营权作价出资合作社时，为了尽可能获得更多的分红收益，直接惠顾者有动力为土地经营权争取较高的价格；为了降低土地经营权的使用成本并且保留更多的盈余，农民合作社有动力压低土地经营权的价格。由于直接惠顾

---

❶ 王琳琳.土地经营权入股法律问题研究[J].中国政法大学学报，2020（6）：90-102，207-208.

❷ 黄胜忠，伏红勇.成员异质性、风险分担与农民专业合作社的盈余分配[J].农业经济问题，2014，35（8）：57-64，111.

❸ 裴宝莉.土地经营权入股制度之法律问题分析与对策探讨[J].农业经济，2020（11）：23-24.

❹ 王国平.农村土地经营权入股农民合作社相关问题研究[J].农业部管理干部学院学报，2019（1）：51-56.

❺ 梁清华，王洲.论土地经营权入股保底收益的法律实现路径[J].宏观经济研究，2020（6）：153-158.

者与农民合作社的利益诉求不同，双方会对土地经营权的定价问题进行讨价还价（谈判）。那么，直接惠顾者与农民合作社双方均能接受的均衡定价是什么？当双方面临困局时，引入第三方机构评估土地经营权的价格是否能为双方的谈判提供参考，又会带来什么影响？有效解答这些问题，对于深入理解内部交易关系异变下非货币资本（土地经营权）的定价具有重要理论和现实意义。

二、典型案例分析

（一）案例描述

S 县 Z 合作社成立于 2014 年 7 月 2 日，与 2158 个贫困户签订中药材产业带动扶贫协议和务工合同。S 县 D 镇依托 Z 合作社，以农村土地承包经营权作价出资为突破口，积极探索产业发展新模式。D 镇 H 村农户作价出资土地面积约 933.78 亩，涉及农户 416 户，平均每户作价出资土地面积 2.24 亩。最初，在土地经营权作价出资的过程中，农户（以下称直接惠顾者）的种植能力及对土地的需求不同，加之 H 村土地多以山地和坡地为主，这使得直接惠顾者与农民合作社在土地经营权作价出资时价格谈判缺乏统一的标准。因此，农民合作社需要与直接惠顾者一对一协商。

为了保证在作价出资合作社时土地经营权定价公平，2017 年 3 月，D 镇委托 B 土地房地产估价与资产评估有限责任公司，对 H 村拟作价出资的集体土地价值予以评估，为当事方合理确定土地经营权作价出资的价格提供参考，这也是当地首例第三方评估机构开展土地经营权价格评估的案例。通过调查，B 土地房地产估价与资产评估有限责任公司采用两种具体方式开展土地经营权价格评估。一是，立足于产业发展实际评估土地经营权价格。具体而言，按照 H 村种植前胡和百合等中药材的市场均价与平均亩产量，来计算 1 亩土地的年产值（例如，百合平均每亩产 1500 斤 × 市场均价 2 元 / 斤 =3000 元亩产值），进而对土地经营权的价格进行评估。二是，采用"剩余价值倒推法"来评估土地经营权价格。具体而言，按照"土地平均亩产值 – 平均生产成本 – 平均利润（约为成本 ×24.5%）= 土地经营权价格（剩余价值）"的方式，测算出每亩土地经营权价格，如百合平均每亩产值3000元，除去合作社种子、化肥、管理服务等成本约1500元/年（据实测算）与合作社平均利润约370元（1500元 ×24.5%），从而确定经营权的价格为1130元。最后，农民合作社与直接惠顾者就评估机构确定的价格进行协商，从而确定土地经营权作价出资的价格。

（二）影响定价的要素

基于上述描述可以看出，在将土地经营权作价出资合作社时，直接惠顾者会基于耕种能力、种植农作物的经济价值以及对土地的需要，从而对土地经营权进行定价。不失一般性，耕种能力与种植作物的经济价值越高，直接惠顾者对土地经营权的定价就会越高。为了便于量化表征，用耕种能力、种植作物的经济价值及对土地需要来共同刻画直接惠顾者的耕种收益。因此，耕种收益也可看作直接惠顾者出资作价的机会成本。同样的，农民合作社会基于自身的盈利能力，对土地经营权进行定价。农民合作社盈利能力受种植作物经济效益、种植成本以及综合经营状况等因素的影响。一般而言，经济效益越高、种植成本越低且综合经营状况越好，农民合作社就会抬高土地经营权的价格，反之农民合作社就会压低土地经营权的价格。值得注意的是，在就土地经营权作价出资的定价进行讨价还价的过程中，由于直接惠顾者在信息掌握程度、谈判能力以及知识水平等方面处于明显劣势，因此讨价还价的结果往往对其不利，这为农民合作社后续内部矛盾的激化埋下了隐患。为保证土地经营权公平作价、缓解直接惠顾者与农民合作社之间的信息不对称程度，D镇邀请第三方评估机构，对H村拟入股的集体土地价值予以评估，为直接惠顾者与农民合作社合理确定土地经营权作价出资的价格提供参考。

在D镇邀请第三方评估机构对H村入股的土地经营权价值进行评估的启

发下，接下来，本研究首先构建土地经营权作价出资合作社的定价模型，探究在无第三方机构评估土地经营权价值的情形下，直接惠顾者与农民合作社均能接受的土地经营权的均衡定价，并将此作为有第三方机构评估土地经营权价值的基准参考；然后探究在有第三方机构评估土地经营权价值的情形下，直接惠顾者与农民合作社均能接受的均衡定价。通过对比分析这两种情形下的均衡定价，总结引入第三方机构评估对土地经营权定价的影响。

三、内部交易关系异变下非货币资本的定价模型

为分析直接惠顾者与农民合作社均能接受的均衡定价，首先基于本节第二部分中的案例总结，构建直接惠顾者与农民合作社对于土地经营权进行讨价还价（协商）的博弈模型。

正如前文的分析，对于直接惠顾者（用下标"F"表示）而言，将土地经营权作价出资农民合作社意味着放弃耕种收益$c_F q$。因此，$c_F q$可以理解为直接惠顾者土地经营权作价出资合作社的机会成本。其中，q为直接惠顾者土地经营权作价出资的数量；c_F为直接惠顾者单位土地经营权的耕种收益，且为直接惠顾者的私人信息。一般而言，c_F的大小受直接惠顾者种植技术与对土地需求等因素的影响。例如，直接惠顾者的种植技术越高且对土地的需求越大，则c_F越大。对于农民合作社（用下标"C"表示）而言，在集聚到土地经营权后，可以对土地进行开发利用，进而获得单位土地收益r_C。其中，r_C可以看作农民合作社对单位土地经营权的盈利能力，是农民合作社的私人信息。一般而言，r_C受农民合作社自身的综合经营状况与种植作物的经济效益等因素影响。例如，农民合作社的综合经营状况越好且种植作物的经济效益越高，则r_C越大。

在就土地经营权作价出资的定价问题进行讨价还价博弈的过程中，直接惠顾者与农民合作社具有如下特征：（1）直接惠顾者与农民合作社均具有一定的

讨价还价能力或耐心程度，本书分别用 λ_F 与 λ_C 表示，且 $0<\lambda_F, \lambda_C<1$，这意味着直接惠顾者与农民合作社会因晚达成协议而付出一定的代价，否则双方均会倾向于多阶段的讨价还价。进而，$\lambda_F(\lambda_C)$ 也可以视作直接惠顾者（农民合作社）的贴现因子。（2）通过了解农民合作社的综合经营状况与种植的作物，直接惠顾者可以估计农民合作社对单位土地经营权的盈利能力 r_C 服从 $[0,d]$ 区间上的均匀分布；通过了解直接惠顾者以往的收成，农民合作社能估计直接惠顾者单位土地经营权出资作价的机会成本 c_F 服从 $[0,c]$ 区间上的均匀分布。（3）直接惠顾者与农民合作社在讨价还价博弈的过程中具有一定的学习能力。也就是说，农民合作社（直接惠顾者）能基于直接惠顾者（农民合作社）对单位土地经营权的报价 $p_{iF}(p_{iC})$，修正对 $c_F(r_C)$ 的估计，其中 i 表示双方博弈的第 i 个阶段。

从理论上看，直接惠顾者与农民合作社之间的讨价还价博弈可能会进行 n 个阶段。但是，由于贴现因子的存在，直接惠顾者与农民合作社均应尽快接受对方合理的报价。鉴于此，本书主要聚焦于直接惠顾者与农民合作社两阶段的讨价还价博弈。需要说明的是，虽然聚焦于直接惠顾者与农民合作社两阶段的讨价还价博弈，但是这不会影响本书得出的一般结论。

（一）不引入第三方评估机构的定价模型

在不引入第三方评估机构对土地经营权的价值进行评估的情形下（用上标"N"表示此情形），直接惠顾者基于 c_F 对单位土地经营权进行报价 p_{iF}^N；农民合作社基于对单位土地经营权的盈利能力 r_C 进行报价 p_{iC}^N。不失一般性，为了使双方的讨价还价博弈具有现实意义，本书聚焦 $p_{iF}^N \geqslant c_F$ 的情形，否则直接惠顾者缺乏动力将土地经营权作价出资入股农民合作社。此外，值得注意的是，p_{iF}^N 或者 p_{iC}^N 越大，直接惠顾者入股农民合作社后单位土地经营权分得收益可能越多。因此，为了便于分析且不失一般性，本书用 p_{iF}^N 或者 p_{iC}^N 表示无第三方评估机构参与时直接惠顾者入股农民合作社后单位土地经营权的收益。

直接惠顾者与农民合作社两阶段讨价还价博弈，如图6-1所示。第一阶段，由直接惠顾者率先对单位土地经营权进行报价 p_{1F}^N，农民合作社有两种策略可以选择：接受（Y_C）与拒绝（N_C）。若农民合作社接受直接惠顾者的报价，直接惠顾者获得的收益为 $(p_{1F}^N - c_F)q$，农民合作社获得的收益为 $(r_C - p_{1F}^N)q$，博弈结束；若农民合作社拒绝直接惠顾者的报价，博弈则进入第二阶段。第二阶段，由农民合作社对单位土地经营权进行报价 p_{2C}^N，直接惠顾者也有两种策略选择：接受（Y_F）与拒绝（N_F）。若直接惠顾者接受农民合作社的报价，直接惠顾者获得的收益为 $\lambda_F^N(p_{2C}^N - c_F)q$，农民合作社获得的收益为 $\lambda_C^N(r_C - p_{2C}^N)q$，博弈结束；若直接惠顾者拒绝农民合作社的报价，直接惠顾者获得的收益为 c_Fq，农民合作社获得的收益为0，这能理解为：对直接惠顾者而言，土地经营权作价出资不成功，进而获得耕种收益 c_Fq；对于农民合作社而言，没有集聚到直接惠顾者的土地经营权，无法产生收益。

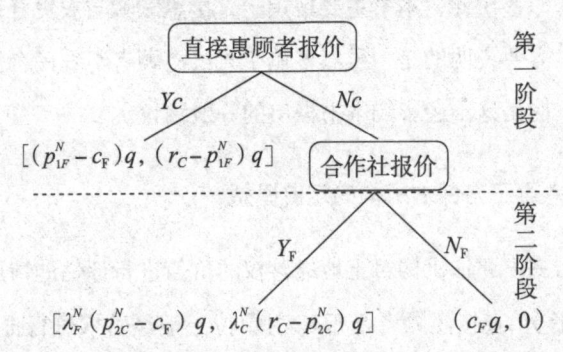

图6-1 直接惠顾者与农民合作社两阶段讨价还价博弈

用逆向归纳法求解直接惠顾者与农民合作社的两阶段讨价还价博弈。在双方博弈的第二阶段，若直接惠顾者拒绝农民合作社的报价，直接惠顾者的收益为 c_Fq，农民合作社的收益为0。鉴于此，只要农民合作社对单位土地经营权的报价 p_{2C}^N 满足 $\lambda_F^N(p_{2C}^N - c_F)q \geq c_Fq$，直接惠顾者就会接受农民合作社的报

第六章 农民合作社内部交易关系异变的适应性治理机制

价。因此，农民合作社在第二阶段的报价应满足：

$$p_{2C}^N \geq \frac{(1+\lambda_F^N)}{\lambda_F^N} c_F \tag{1}$$

在直接惠顾者与农民合作社博弈的过程中，农民合作社只能知晓直接惠顾者的选择方式是以式（1）能否成立作为选择的依据，且此时农民合作社对 c_F 的判断修正为服从 $[0, p_{1F}^N]$ 区间上的均匀分布。据此，农民合作社将选择合理的报价 p_{2C}^N，以最大化自己的收益：

$$\max_{p_{1C}} \pi_C = P_{Y_F} \lambda_C^N (r_C - p_{2C}^N) q + P_{N_F} \times 0 \tag{2}$$

其中 π_C 表示农民合作社的收益；P_{Y_F}（P_{N_F}）表示直接惠顾者在博弈第二阶段接受（拒绝）农民合作社对单位土地经营权报价的概率。进而，可得：

$$P_{Y_F} = P\left(\frac{(1+\lambda_F^N)}{\lambda_F^N} c_F \leq p_{2C}^N\right) = \frac{\lambda_F^N p_{2C}^N}{(1+\lambda_F^N) p_{1F}^N} \tag{3}$$

$$P_{N_F} = P\left(\frac{(1+\lambda_F^N)}{\lambda_F^N} c_F > p_{2C}^N\right) = 1 - \frac{\lambda_F^N p_{2C}^N}{(1+\lambda_F^N) p_{1F}^N} \tag{4}$$

将式（3）与式（4）代入到式（2）后，可得：

$$\max_{p_{1C}} \pi_C = \frac{\lambda_F^N p_{2C}^N}{(1+\lambda_F^N) p_{1F}^N} \lambda_C^N (r_C - p_{2C}^N) q \tag{5}$$

对式（5）两边求关于 p_{2C}^N 的导数，并令其为 0，可解得农民合作社在第二阶段对单位土地经营权的最优报价 $p_{2C}^{N*} = \frac{r_C}{2}$。若直接惠顾者在博弈第二阶段接受农民合作社的最优报价 p_{2C}^{N*}，则直接惠顾者的收益为 $\frac{\lambda_F^N (r_C - 2c_F) q}{2}$，农民合作社的收益为 $\frac{\lambda_C^N r_C q}{2}$。

现在回到双方博弈的第一阶段，当直接惠顾者对单位土地经营权的报价为

p_{1F}^N 时，农民合作社的收益为 $(r_C - p_{1F}^N)q$。直接惠顾者知道农民合作社在博弈第二阶段的选择方式与具体收益，因此在博弈第一阶段若直接惠顾者的报价 p_{1F}^N 满足 $(r_C - p_{1F}^N)q \geq \frac{\lambda_C^N r_C q}{2}$，即当直接惠顾者的报价 p_{1F}^N 使 $r_C \geq \frac{2p_{1F}^N}{2-\lambda_C^N}$ 成立时，农民合作社就会选择接受直接惠顾者对单位土地经营权的报价 p_{1F}^N。进而，直接惠顾者将选择合适的报价 p_{1F}^N，以使自身收益最大化：

$$\max_{p_{1F}} \pi_F = P_{Y_C}(p_{1F}^N - c_F)q + P_{N_C Y_F} \lambda_F^N (p_{2C}^N - c_F)q \quad (6)$$

其中 π_F 表示直接惠顾者的收益；P_{Y_C} 表示农民合作社在博弈第一阶段接受直接惠顾者对单位土地经营权报价的概率；$P_{N_C Y_F}$ 表示在博弈第一阶段农民合作社拒绝直接惠顾者报价，但在博弈第二阶段直接惠顾者接受农民合作社报价的概率。进而，可得：

$$P_{Y_C} = P\left(r_C \geq \frac{2p_{1F}^N}{2-\lambda_C^N}\right) = 1 - \frac{2p_{1F}^N}{(2-\lambda_C^N)d} \quad (7)$$

$$P_{N_C Y_F} = P\left(r_C < \frac{2p_{1F}^N}{2-\lambda_C^N}\right)P\left(\frac{(1+\lambda_F^N)}{\lambda_F^N}c_F \leq p_{2C}^N\right) = \frac{2\lambda_F^N p_{2C}^N}{(1+\lambda_F^N)(2-\lambda_C^N)d} \quad (8)$$

将式（7）与式（8）代入到式（6）后，可得：

$$\max_{p_{1F}} \pi_F = \left(1 - \frac{2p_{1F}^N}{(2-\lambda_C^N)d}\right)(p_{1F}^N - c_F)q + \frac{2\lambda_F^N p_{2C}^N}{(1+\lambda_F^N)(2-\lambda_C^N)d} \lambda_F^N (p_{2C}^N - c_F)q \quad (9)$$

对式（9）两边求关于 p_{1F}^N 的导数，并令其为 0，可解得直接惠顾者在第一阶对单位土地经营权的最优报价 $p_{1F}^{N*} = \frac{(2-\lambda_C^N)d + 2c_F}{4}$。

基于上述分析，可得直接惠顾者与农民合作社两阶段讨价还价博弈均衡，具体如下：

（1）在博弈的第一阶段，直接惠顾者对单位土地经营权的最优报

价 $p_{1F}^{N*} = \dfrac{(2-\lambda_C^N)d + 2c_F}{4}$；

（2）若 p_{1F}^{N*} 使得 $r_C \geq \dfrac{2p_{1F}^{N*}}{2-\lambda_C^N}$ 恒成立，农民合作社会接受直接惠顾者的报价且博弈结束，否则博弈进入第二阶段；

（3）在博弈的第二阶段，农民合作社对单位土地经营权的最优报价 $p_{2C}^{N*} = \dfrac{r_C}{2}$；

（4）若 p_{2C}^{N*} 使得 $p_{2C}^{N*} \geq \dfrac{(1+\lambda_F^N)}{\lambda_F^N}c_F$ 恒成立，直接惠顾者会接受农民合作社的报价；若 p_{2C}^{N*} 不满足 $p_{2C}^{N*} \geq \dfrac{(1+\lambda_F^N)}{\lambda_F^N}c_F$，直接惠顾者拒绝合作社的报价，博弈结束。

基于直接惠顾者与农民合作社双方博弈的均衡结果，可得如下定理1：直接惠顾者与农民合作社的报价不受自身讨价还价能力的影响。这主要是由于：（1）直接惠顾者在讨价还价博弈中往往会率先出价，更多的是依据耕种收益与农民合作社讨价还价的能力进行出价，故而其自身的讨价还价能力不会影响其出价；（2）在博弈的第二阶段，农民合作社故意压低土地经营权的报价可能会引致直接惠顾者拒绝将土地经营权作价出资入股农民合作社，进而导致双方谈判的破裂。定理1具有如下现实意义：对于直接惠顾者而言，当自身的讨价还价能力较低时，直接惠顾者应该争取率先出价，从而避免讨价还价能力较低带来的不利影响；对于农民合作社而言，当与讨价还价能力较高的直接惠顾者进行博弈时，农民合作社可以选择让其先出价，从而"削弱"其讨价还价能力的优势。

（二）引入第三方评估机构的定价模型

为保证土地经营权定价公平，可以引入第三方评估机构[1]，让其对拟作价出资的土地经营权价值予以评估，为直接惠顾者与合作社双方合理确定土地经营权的价格提供参考。当引入第三方评估机构对土地经营权的价值进行评估时（用上标"Y"表示此情形），第三方评估机构会基于合作社的平均生产成本与利润对土地经营权进行估价，即采用"剩余价值倒推法"评估土地经营权的价格。例如，在本节第二部分案例描述中评估机构的做法。因此，在一定程度上，第三方评估机构的参与可以弥补直接惠顾者对土地经营权价值认知的不足，从而提高其在谈判过程中的"耐心"程度。此外，这会间接"削弱"农民合作社对土地经营权价值的认知，进而使其谈判的"耐心"程度降低。为了便于量化表述，用 λ_F^Y 与 λ_C^Y 分别表示在第三方评估机构参与下直接惠顾者与农民合作社的"耐心"程度。进而可知，$\lambda_F^Y > \lambda_F$、$\lambda_C^Y < \lambda_C$。由于其他参数以及假设与本节第三部分的（一）相同，在参考该部分的求解过程后，可得有第三方评估机构参与下，农户与合作社两阶段讨价还价博弈均衡，具体如下：

（1）在博弈的第一阶段，直接惠顾者对单位土地经营权的最优报价 $p_{1F}^{Y*} = \dfrac{(2-\lambda_C^Y)d + 2c_F}{4}$；

（2）若 p_{1F}^{Y*} 使 $r_C \geqslant \dfrac{2p_{1F}^{Y*}}{2-\lambda_C^Y}$ 恒成立，农民合作社会接受直接惠顾者的报价，进而博弈结束，若 p_{1F}^{Y*} 不满足 $r_C \geqslant \dfrac{2p_{1F}^{Y*}}{2-\lambda_C^Y}$，博弈进入第二阶段；

（3）在博弈的第二阶段，农民合作社对单位土地经营权的最优报价 $p_{2C}^{Y*} = \dfrac{r_C}{2}$；

---

[1] 考虑引入第三方评估机构的成本支出，一般由政府部门邀请第三方评估机构对土地经营权的价值进行评估，并支付评估费用。

（4）若 p_{2C}^{Y*} 使得 $p_{2C}^{Y*} \geq \frac{(1+\lambda_F^Y)}{\lambda_F^Y} c_F$ 恒成立，直接惠顾者会接受农民合作社的报价，进而博弈结束；若 p_{2C}^{Y*} 不满足 $p_{2C}^{Y*} \geq \frac{(1+\lambda_F^Y)}{\lambda_F^Y} c_F$，直接惠顾者拒绝农民合作社的报价。

（三）两类定价模型的对比分析

基于上述直接惠顾者与农民合作社双方博弈的均衡结果易知：即便引入了第三方机构，直接惠顾者与农民合作社的报价不会受自身讨价还价能力的影响。此外，基于有无第三方机构参与评估这两种情形下直接惠顾者与农民合作社两阶段讨价还价博弈结果，可得博弈结果如表6-1所示。

表6-1 不同情形下直接惠顾者与农民合作社的博弈结果

	不同情形	无第三方评估机构参与	有第三方评估机构参与
第一阶段	直接惠顾者	$p_{1F}^{N*} = \frac{(2-\lambda_C^N)d + 2c_F}{4}$	$p_{1F}^{Y*} = \frac{(2-\lambda_C^Y)d + 2c_F}{4}$
	合作社接受的条件	$r_C \geq \frac{2p_{1F}^{N*}}{2-\lambda_C^N}$	$r_C \geq \frac{2p_{1F}^{Y*}}{2-\lambda_C^Y}$
第二阶段	合作社报价	$p_{2C}^{N*} = \frac{r_C}{2}$	$p_{2C}^{Y*} = \frac{r_C}{2}$
	直接惠顾者接受的条件	$p_{2C}^{N*} \geq \frac{(1+\lambda_F^N)}{\lambda_F^N} c_F$	$p_{2C}^{Y*} \geq \frac{(1+\lambda_F^Y)}{\lambda_F^Y} c_F$

基于表6-1，可得出如下结论1~4。

结论1：相较于无第三方评估机构参与，当有第三方评估机构参与时，直接惠顾者对单位土地经营权报价更高。这说明，相较于不引入第三方评估机构，引入第三方评估机构对土地经营权的价值进行评估可以提高直接惠顾者的"先动优势"，从而使直接惠顾者在随后与农民合作社讨价还价过程中有更大的出价选择余地。这主要是因为，第三方评估机构对土地经营权的价值进行评估，在一定程度上可以弥补直接惠顾者对土地经营权价值认知的不足，进而提高直接惠顾者的讨价还价能力（耐心程度）。

结论2：相较于无第三方评估机构参与，有第三方评估机构参与时，农民合作社在博弈第一阶段接受直接惠顾者出价的可能性更高。结论2意味着，引入第三方评估机构对土地经营权的价值进行评估，可以有效缩短直接惠顾者与农民合作社讨价还价的时间，进而提高双方"谈判"的效率，这在一定程度上解释了引入第三方评估机构进行评估的现象。这主要是因为，引入第三方评估机构进行评估会削弱农民合作社的讨价还价能力，从而使农民合作社在博弈第一阶段就接受直接惠顾者出价的可能性更大。

基于结论1与结论2，可得到定理2：相较于无第三方评估机构参与，当有第三方评估机构参与时，直接惠顾者在博弈第一阶段的出价更高，令人意外的是农民合作社却更有可能接受直接惠顾者的报价。这表明引入第三方机构参与评估可以作为土地经营权入股合作社的溢价机制，从而带动直接惠顾者增收。

结论3：无论有无第三方评估机构参与，农民合作社在博弈第二阶段的报价均一致。结论3意味着，引入第三方评估机构对土地经营权的价值进行评估，并不会提高（或者降低）农民合作社在博弈第二阶段的出价，故而不影响直接惠顾者在博弈第二阶段的收益。

结论4：相较于无第三方评估机构参与，当有第三方评估机构参与时，直接惠顾者在博弈第二阶段接受农民合作社出价的可能性更高。这意味着，引入第三方评估机构对土地经营权的价值进行评估，可以提高直接惠顾者与农民合作社在博弈第二阶段"交易"的效率。

基于结论3与结论4，可得到定理3：相较于无第三方评估机构参与，当有第三方评估机构参与时，农民合作社在博弈第一阶段接受直接惠顾者出价的可能性更高，直接惠顾者在博弈第二阶段接受农民合作社出价的可能性更高。因此，这表明引入第三方评估机构对土地经营股权的价值进行估价，可以提高直接惠顾者与农民合作社讨价还价的效率，促成双方的"交易"尽快实现。

四、结论与启示

在土地经营权作价出资合作社实践中，探寻直接惠顾者与农民合作社均能接受的合理定价，有助于提高土地经营权作价出资农民合作社的效率与维护农民合作社内部的稳定。为此，受现实案例的启发，在不引入第三方机构与引入第三方机构两种情形下，本书探究了土地经营权的定价问题，进而分析了第三方机构评估对土地经营权定价的影响。主要结论如下：无论是否引入第三方评估机构对土地经营权的价值进行评估，通过理论分析可验证以下客观事实：农民合作社对土地经营权的报价仅与自身的盈利能力正相关；直接惠顾者对土地经营权的报价与自身的谈判能力无关，与自身种植收益正相关，与农民合作社的谈判能力负相关。当直接惠顾者以土地经营权作价出资合作社时，引入第三方评估机构进行价值评估，能有效降低农户与农民合作社之间的信息不对称程度，从而提高土地经营权作价出资合作社的效率。一方面，当第三方评估机构对土地经营权的价值进行评估时，直接惠顾者在第一阶段会提高对土地经营权的报价且合作社会更有可能接受农户的高报价。因此，这说明第三方评估机构不仅能提高谈判的效率而且能够作为一种有效的溢价机制从而带动直接惠顾者增收。另一方面，第三方评估机构的引入能够让直接惠顾者更有可能接受农民合作社的报价，从而促成双方谈判的达成。

基于上述结论，可得出以下启示：第一，政府应该积极引入并支持第三方评估机构开展土地经营权价值评估业务，并通过政府购买服务等方式为直接惠顾者和农民合作社提供公共服务。在农户与农民合作社就土地经营权的定价进行讨价还价的过程中，直接惠顾者的谈判"耐心"相对较低，容易致使双方的谈判破裂。第三方评估机构的参与能够为农户提供指导性的建议，弥补其低估土地经营权价格的不足，提高其在讨价还价过程中的"耐心"程度，从而有助于维护直接惠顾者的利益与提高土地经营权作价出资农民合作社的效率。第二，对于农民合作社而言，应完善内部管理制度，引进和培育经济价值较高的产业，以提高自身的盈利能力。通过提高盈利能力，农民合作社在与直接惠顾者讨价还价的第一阶段更有可能接受直接惠顾者的报价且在第二阶段给出更高的报价，从而提高双方谈判的效率。因此，农民合作社盈利能力的提高不仅有利于自身，还有利于集聚农民合作社的土地资源，提升发展质量。第三，对于直接惠顾者而言，在作价土地经营权出资农民合作社时不应该盲目地坐地起价和将精力用来提高自身谈判能力，而更应该通过提升土地质量、提高种植技术以及改善产品质量来提高自身的耕种收益，从而为土地经营权作价出资争取更好的报价，同时在与农民合作社的定价谈判中能拥有一定主动权。

第二节　内部交易关系异变下的信任困境与混合治理机制

在内部交易关系异变的情形下，面对复杂的交换关系，直接惠顾者和间接惠顾者双方彼此信任是首要前提，也是交易关系赖以发生和存在的必要条件。若双方之间无任何信任，则交易关系必将走向解散。对此，本部分将建立直接惠顾者和间接惠顾者各自的利益诉求函数以及双方各自愿意付出的投资水平，进而建立双方的信任博弈模型，分析直接惠顾者和间接惠顾者之间的信任策略（水平），探寻交易关系治理中的信任策略（水平）以及存在的均衡状态，进而分析不同惠顾者信任策略（水平）对信任机制博弈均衡的影响。

一、问题的提出

为了鼓励和支持多元主体参与农民合作社的发展，《农民专业合作社法》规定，"具有民事行为能力的公民，以及从事与农民专业合作社业务直接有关的生产经营活动的企业、事业单位或者社会组织，能够利用农民专业合作社提供的服务，承认并遵守农民专业合作社章程，履行章程规定的入社手续的，可以成为农民专业合作社的成员"，这为间接惠顾者作为牵头人领办农民合作社赋予了合法性。《农民专业合作社法》自2007年实施以来，中央和地方各级政府陆续出台了一系列促进农民合作社发展的政策，一方面赋予农民合作社越来越多的功能；另一方面让农民合作社享有更多的优惠和扶持，进一步调动了间接惠顾者领办农民合作社的积极性。无论是出于对潜在经济利益的追求，还是出于现实政策收益的考量，间接惠顾者领办合作社都是现实可行的，也是合作社的一种主流形式。[1]经过十多年的快速发展，间接惠顾者领办的农民合作社在全国范围内发展势头强劲，覆盖的范围不断扩大。

对于间接惠顾者领办的农民合作社，学界进行了相关研究。郭晓鸣和廖祖君分别从契约性质、资产专用性、成员异质性三个维度对公司领办的农民合作社的制度特征进行了剖析，并指出公司领办的农民合作社具有不稳定性的特征。[2]董晓波和张曜认为间接惠顾者领办的农民合作社能够克服传统农业产业化组织（如"公司+农户"型订单模式）形式的不足。[3]宋茂华认为间接惠顾者领办的农民合作社的诞生是源于农业产业化组织形式的帕累托改进。[4]孔凡宏和张继平指出间接惠顾者领办的农民合作社等模式在促进农业纵向一体化的过程中有其存在的合理性和优势，同时也存在不同程度的缺陷：一方面，合作社容易被大股东控制；另一方面，面临成本和收益的分配等诸多难以协调的问

---

[1] 刘学侠，温啸宇. 企业领办型农民合作社新发展模式若干重要问题的讨论[J]. 农业经济问题，2021（6）：47-59.

[2] 郭晓鸣，廖祖君. 公司领办型合作社的形成机理与制度特征：以四川省邛崃市金利猪业合作社为例[J]. 中国农村观察，2010（5）：48-55，84.

[3] 董晓波，张曜. 公司领办型农民专业合作社的成因与发展[J]. 中国合作经济，2021（4）：52-54.

[4] 宋茂华. 资产专用性、纵向一体化和农民专业合作社：对公司领办型合作社的解析[J]. 经济经纬，2013（5）：35-41.

题。❶ 上述研究对公司领办的农民合作社的制度特性、发挥的作用以及存在的缺陷进行了有针对性的探讨，并取得了一些共识。然而，从合作社内部公司社员与农户社员间关系入手进行的研究较少。代表性的主要文献有：苑鹏以间接惠顾者领办的农民合作社发展的三个不同阶段中公司与农户关系变化为主线，通过对相关合作社进行案例剖析指出，允许间接惠顾者领办合作社不失为一个明智之举，这也反映了中国农村合作经济组织发展的真实现状。❷ 同时，间接惠顾者领办合作社潜藏着的风险也日益突出，集中体现在间接惠顾者与直接惠顾者的关系不是相互依赖，而是直接惠顾者依附于间接惠顾者。王军认为在间接惠顾者领办的农民合作社中，间接惠顾者与直接惠顾者之间始终存在合作与竞争的双重关系，合作是因为双方之间存在共同利益，竞争是因为间接惠顾者与直接惠顾者双方在利益分配过程中是"零和博弈"的关系。❸ 也有学者从合作社信任关系的维度开展研究，譬如，孙艳华基于湖南省生猪行业的调研数据研究了合作社社员信任关系，研究指出直接惠顾者参加合作社对于改善社员之间的信任关系具有一定的帮助，并提出了改进不同层面合作社惠顾者信任的对策与建议。❹ 万江红和耿玉芳通过对合作社的人际信任与系统信任研究发现，合作社的信任结构正在由人际信任向系统信任转变。❺ 上述文献从不同的角度对合作社惠顾者关系进行研究，但并未考虑成员间具有强异质性的间接惠顾者领办的农民合作社内到底存在什么样的关系，双方关系中是否存在困境以及如

---

❶ 孔凡宏，张继平.我国农民专业合作社未来发展模式的应然路向：基于目标与环境的考量[J].华东理工大学学报（社会科学版），2015，30（2）：67-75.

❷ 苑鹏.对公司领办的农民专业合作社的探讨：以北京圣泽林梨专业合作社为例[J].管理世界，2008（7）：62-69.

❸ 王军.公司领办的合作社中公司与农户的关系研究[J].中国农村观察，2009（4）：20-25.

❹ 孙艳华.农民专业合作社社员信任关系研究：基于湖南省生猪行业的调研与分析[J].农业经济问题，2014，35（7）：68-75，111-112.

❺ 万江红，耿玉芳.合作社的人际信任和系统信任研究[J].农业经济问题，2015，36（7）：80-87，111-112.

何克服,而这正是本节所探讨和考察的重点。

基于农民合作社惠顾者间存在强异质性这个前提,从中国农村传统社会特有的信任来源——"关系"入手,本书尝试探讨间接惠顾者领办的农民合作社中的三个核心问题:(1)间接惠顾者社员与直接惠顾者社员之间究竟存在什么样的交换关系?(2)维系双方交换关系以及合作社健康发展的信任在两类成员之间如何体现,是否存在信任困境?(3)若存在信任困境,什么样的治理机制能有效破解两类惠顾者社员间的信任困境,进而实现激励相容?有效解答上述问题,这对于深入认识和理解间接惠顾者领办的农民合作社具有重要理论和现实意义,然而已有研究对此缺乏深入探讨和分析。

二、间接惠顾者与直接惠顾者的社会交换

在加入合作社之前,间接惠顾者拥有资金、信息、技术等优势,直接惠顾者拥有土地、劳动力等资源并提供农产品,间接惠顾者与直接惠顾者双方是市场化的买卖关系。然而,任何经济行为都嵌入在一定的社会关系中,忽视经济交易行为所嵌入其中的社会互动背景对交易行为的解释是不完全的,尤其是间接惠顾者与直接惠顾者在加入合作社后内化为核心惠顾者,在同一组织内双方的社会关系将进一步增强。由此,对间接惠顾者领办的农民合作社中作为核心成员的间接惠顾者社员与作为普通成员的直接惠顾者社员的社会关系进行分析,将显得尤为重要。之前与合作社相关的研究主要以交易成本理论作为工具,然而,这使合作社内部公司社员与农户社员交易的社会维度难以纳入研究视野。有鉴于此,有必要将社会交换理论引入间接惠顾者领办的农民合作社内部间接惠顾者社员与直接惠顾者社员关系的研究。当前,国内主要以交易成本理论为分析范式进行农产品交易关系的研究,较少关注到交易关系中的社会

要素，农产品的交易关系基本可以被归入关系交换的类别。[1] 对于间接惠顾者领办的农民合作社中间接惠顾者社员与直接惠顾者社员关系的具体界定，学术界存在不同意见：一种观点认为，由于先天禀赋的差异，间接惠顾者社员与直接惠顾者社员之间是不平等的依存关系；另一种观点认为，间接惠顾者社员与直接惠顾者社员是一种紧密的利益关系；还有一种观点认为，间接惠顾者社员与直接惠顾者社员间的关系在不同的发展阶段往往具有不同的表现形式。[2] 从社会交换理论视角进行审视，可以把间接惠顾者社员与直接惠顾者社员在农民专业合作社内部的关系视作一种社会交换。很多情况下，间接惠顾者领办的农民合作社在组织内部存在作为服务提供者的间接惠顾者社员和作为服务使用者直接惠顾者社员的两方，例如，如果在合作社里，提供农产品加工和销售服务的是间接惠顾者社员，利用服务的是以生产者为代表的直接惠顾者社员，双方之间就存在社会交换：直接惠顾者社员希望自己交售的初级产品能卖个好价钱，增加收入；间接惠顾者社员希望能够买到稳定、可靠的原材料，发展壮大自己，双方各取所需。间接惠顾者社员领办的农民合作社成员间强异质性的特点，使间接惠顾者社员与直接惠顾者社员之间具有如下三种关系。

（一）间接惠顾者与直接惠顾者之间的依存关系

从交换这一属性入手，通过对间接惠顾者与直接惠顾者之间交换及交换物的分析，剖析间接惠顾者领办的农民合作社异质性成员间关系的微观结构发现：作为理性、自主的交换主体，间接惠顾者社员与直接惠顾者社员间交换的成立，即合作关系建立并存续，意味着交换对于双方来说都是有意义的，即存在价值创造。静态地来看，价值创造可来源于交换物对交换双方的效用不同；动态地来看，价值创造可来源于交换后出现的生产效应。因此，在间接惠顾者

---

[1] 张闯,夏春玉,梁守砚.关系交换、治理机制与交易绩效：基于蔬菜流通渠道的比较案例研究[J].管理世界,2009（8）：124-140, 156, 188.

[2] 王军.公司领办的合作社中公司与农户的关系研究[J].中国农村观察,2009（4）：20-25.

领办的农民合作社，间接惠顾者社员与直接惠顾者社员存在依存关系。

对于间接惠顾者社员而言，其利益增长主要体现为：第一，通过领办农民合作社，吸纳直接惠顾者成为合作社社员，可以满足政府扶持政策的标准和要求，以合作社的名义获得更多政策性资源，如财政项目支持、税收优惠、贴息贷款等。第二，当农产品原料至关重要，并且通过直接的市场交易无法获取或获取成本较高时，吸纳直接惠顾者参与农民合作社，以合作社为纽带发展生产基地，可以满足原料的数量和质量要求。第三，获取土地资源。一般而言，如果间接惠顾者直接租用直接惠顾者的土地，高额的交易成本和生产经营成本将是其不得不面临的现实难题。例如，在一些发达地区的农村，直接惠顾者大多不愿出租土地，而是等待土地被征用后获得高额补偿。在这种情况下，间接惠顾者社员通过合作社这个平台把直接惠顾者组织起来，就可以有效地集聚一定规模的土地资源。第四，间接惠顾者社员选择直接惠顾者社员建立合作社，有利于协调各方面的关系，进而保障劳动力供给。

对于直接惠顾者社员而言，其利益增长主要体现为：第一，通过参与农民合作社，利用间接惠顾者社员的网络资源，解决农资的采购和产品的销路问题，降低生产成本、增加销售收益。第二，分享间接惠顾者社员的技术、管理等资源。第三，分享间接惠顾者社员通过各种努力争取的项目所带来的基础设施和服务的改善。第四，享受间接惠顾者社员给予的一定资金支持，以解决恶劣生产环境下的生产难题以及提供某些合理情况下的转产、扩大生产规模的资金需求。

值得注意的是，不同交换伙伴彼此间的依赖性是存在差异的，也就是说，间接惠顾者领办的农民合作社中间接惠顾者社员对直接惠顾者社员的依赖性与直接惠顾者社员对间接惠顾者社员的依赖性是不对称的，依赖性较强的一方具有更为强烈的合作意愿，依赖性较弱的一方可据此获得更多的利益，这就能解释作为对直接惠顾者社员依赖性较弱的间接惠顾者社员为何获取了更多的合作社盈余。

（二）间接惠顾者与直接惠顾者之间的权威关系

在间接惠顾者领办的农民合作社内部，间接惠顾者社员与直接惠顾者社员之间的交换物具有特殊的属性，无论是间接惠顾者社员投入交换的货币资源、人力资源和社会资本，还是直接惠顾者社员投入的土地、劳动力资源，都须通过参与合作生产和销售过程价值创造才得以实现，要素禀赋差异及剩余控制权配置不同意味着强势一方与弱势一方构成权威关系。在间接惠顾者领办的农民合作社内部，间接惠顾者社员对直接惠顾者社员存在明显的权威关系。

作为由间接惠顾者社员与直接惠顾者社员共同参与的间接惠顾者领办的农民合作社，关键要看实际控制权在哪一方手中，当控制权在农户社员一方，则该合作社往往倾向于谋求直接惠顾者社员利益最大化，而当控制权在间接惠顾者社员一方，则该合作社往往难免成为间接惠顾者社员的工具。一般而言，在间接惠顾者领办的农民合作社中，间接惠顾者社员与直接惠顾者社员之间存在反复的博弈关系，双方之间面临控制与反控制的角力。当间接惠顾者社员有求于直接惠顾者社员时，间接惠顾者社员很难建立对于直接惠顾者社员的绝对控制力。但是，由于直接惠顾者社员人数相对较多、力量分散，加之直接惠顾者社员普遍存在"搭便车"行为，一般而言，间接惠顾者社员在合作社中更容易对直接惠顾者社员形成相对的权威关系。

间接惠顾者领办的农民合作社内部的权威关系并不是一成不变的。当合作社处于发展的初期，合作社需要直接惠顾者社员以土地入股或农产品原料、投入更多的劳动力，此时，间接惠顾者社员有求于直接惠顾者社员，间接惠顾者社员就难以建立对直接惠顾者社员的绝对权威关系；随着合作社的发展，直接惠顾者社员逐步被锁定在间接惠顾者社员与直接惠顾者社员的交换关系中，此时直接惠顾者社员具有较高的转换成本，只要合作社的收购价格合理，直接惠顾者社员往往不会将所生产的农产品出售给其他交易主体，由此，直接惠顾者社员往往不会太关心间接惠顾者社员决策对自己的影响，这将使间接惠顾者社员的权威性越来越强。

（三）间接惠顾者与直接惠顾者之间的竞争关系

间接惠顾者领办的农民合作社是间接惠顾者与直接惠顾者为了实现"双赢"的产物，间接惠顾者可以通过合作社来获得稳定的农产品供货渠道；直接惠顾者可以借助于合作社来改善自行面对市场时的弱势谈判地位、降低农产品交易中的成本。间接惠顾者与直接惠顾者的关系看似从双方对立的买卖关系内化为合作社内部的合作关系，从而有了共同的利益，但这种合作是含有竞争的合作。对惠顾者而言，除了获得合作社的使用权以外，参与合作社的价值还在于分享合作社的剩余。交换所创造的价值总是要在交换双方间进行分配的，间接惠顾者领办的农民合作社创造的盈余同样要分配，显然对于任何一期交换所创造的价值，间接惠顾者与直接惠顾者之间因为利益获取都会产生讨价还价的博弈。因此，在农民合作社内部，间接惠顾者与直接惠顾者在剩余索取权方面存在竞争关系。

由于间接惠顾者与直接惠顾者的要素贡献不同，他们对剩余索取基础的要求自然不同。间接惠顾者考虑的问题是：在确保投入的资本获得"满意"剩余索取权的同时，调动直接惠顾者的积极性，并避免其机会主义行为发生；直接惠顾者主要考虑的问题是：在确保产品销售获得"满意"回报的同时，尽可能参与合作社的剩余分配。因此，农民合作社的剩余索取基础安排只可能是，对产品先支付相对固定回报，最终剩余主要按资本投入进行分配，同时实行按交易量返还剩余。当然，惠顾者一般需要投入资本后才能获得产品交易权和交易返利，这样产品供给和资本供给这两种索取基础在某种程度上是"捆绑"在一起的。出于"公平"和保护直接惠顾者利益的考虑，《农民专业合作社法》规定，"可分配盈余按成员与本社的交易量（额）比例返还的返还总额不得低于可分配盈余的百分之六十"。对于拥有资本资源、人力资源和社会资源而没有多少交易量并且是风险的主要承担者的间接惠顾者而言，如果坚持法律规定，必然会挫伤他们的积极性，使农民合作社的可持续发展面临挑战。因此，在"公平"和"效率"之间如何权衡取舍，是农民合作社发展实践中面临的一个现实困境。在农民合作社中，间接惠顾者与直接惠顾者对政府财政项目资金的争夺，也是内部冲突的重要内容。按照有关法律政策的规定，农民合作社获得的财政扶持资金要平均量化到所有惠顾者身上。对此，直接惠顾者较能接受，但是间接惠顾者不愿意这样做。

直接惠顾者与间接惠顾者所产生的上述三种关系如图6-2所示。

```
┌──────────────┐          ┌──────────────┐
│ 直接惠顾者：  │          │ 间接惠顾者：  │
│   土地       │ ←─交换─→ │   资金       │
│   劳动力     │          │   技术       │
│   农产品     │          │   信息       │
└──────┬───────┘          └──────┬───────┘
       │                         │
       └──────────┬──────────────┘
                  ↓
            ┌──────────┐
            │ 农民合作社 │
            └─────┬────┘
                  ↓
    ┌────────────────────────────┐
    │ 直接惠顾者与间接惠顾者之间的关系： │
    │        依存关系             │
    │        权威关系             │
    │        竞争关系             │
    └────────────────────────────┘
```

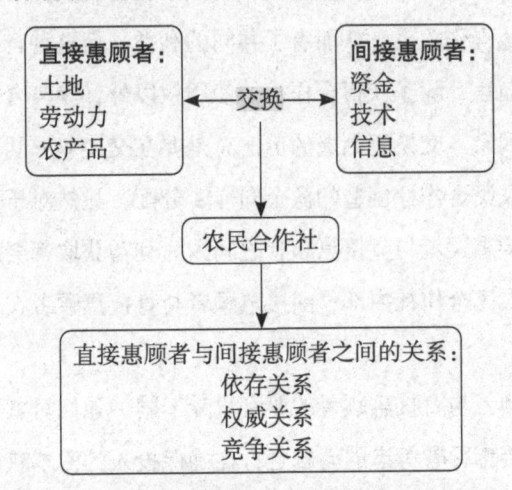

图6-2　间接惠顾者与直接惠顾者交换关系模型

在间接惠顾者领办的农民合作社中，不同惠顾者之间的合作是含有竞争的合作，这种竞争主要源于合作社惠顾者的强异质性，由于间接惠顾者掌握着核心要素，其往往在合作社中处于强势地位，在利益或盈余分配时，间接惠顾者与直接惠顾者为了各自获得更多的份额均有动机采取机会主义行为。按照《农民专业合作社法》的有关要求，双方的机会主义行为以及间接惠顾者对直接惠顾者的影响会得到一定程度的限制，但由于间接惠顾者掌握着核心要素，在双方利益博弈中，天平往往还是会偏向间接惠顾者，由此在间接惠顾者与直接惠顾者的竞争中，直接惠顾者依然处于弱势的一方面，其利益难以得到有效保护。

三、间接惠顾者与直接惠顾者的信任困境

基于交换关系的长期导向以及关系中所涉及的复杂社会交换,在间接惠顾者领办的农民合作社的关系交换中,往往会表现出:间接惠顾者与直接惠顾者相互依存、相互适应交换伙伴、相互竞争与合作等行为特征。这些行为相互作用的共同结果就会使间接惠顾者与直接惠顾者的交换关系呈现出一种相对稳定状态。而要使双方关系稳定可持续发展,双方彼此信任是首要前提,也是合作经济行为赖以发生和存在的必要条件,还是农民合作社发展的基础与保证,如果存在信任且契约条款允许相对简化,合作就可能发生;反之,合作就不会出现。梳理间接惠顾者与直接惠顾者之间的关系发现,无论双方体现出何种关系,无论合作社处于哪个发展阶段,合作是贯穿于农民合作社的发展始终的,而信任作为合作的基础也是一直存在并且蕴含于各种关系之中的,若间接惠顾者与直接惠顾者无任何信任,则农民合作社必将走向解散。由此可见,信任作为一种双方关系的重要协调机制,直接关系到农民合作社运行的可持续性。然而,不可忽视的是,农民合作社发展中的信任缺失问题时有发生。对于农民合作社而言,由于间接惠顾者与直接惠顾者策略选择的差异明显,合作社的信任基础会受到冲击。下面借助于信任博弈理论,分析间接惠顾者与直接惠顾者之间的信任行为,探寻农民合作社内部信任缺失的症结所在,以便为间接惠顾者与直接惠顾者合作关系的可持续性设计有效的治理机制。

(一)间接惠顾者与直接惠顾者的信任关系描述

为更好地刻画间接惠顾者与直接惠顾者之间的信任关系,首先量化表征间接惠顾者(J)与直接惠顾者(Z)各自的信用水平,用$T \in [0,1]$进行刻画。当$T=0$时,意味着完全不信任,若间接惠顾者与直接惠顾者双方均互不信任,则农民合作社会面临解散;当$T=1$时,意味着完全信任,这种极端情形是理想状态,这在理性的间接惠顾者与直接惠顾者的现实交易中往往是不会存在

的；由此，正常情况下间接惠顾者与直接惠顾者的信任水平应该介于0与1之间。为了便于分析，假定双方的信任水平可离散化表征为高信任水平（H）和低信任水平（L），且满足$0<L<H<1$。由此，在间接惠顾者与直接惠顾者双方的信任博弈中，直接惠顾者与间接惠顾者均有两个决策策略"H"与"L"。另外，为了聚焦于分析直接惠顾者与间接惠顾者之间的信任，仅考虑因双方彼此信任而获得的效用，设惠顾者在不同博弈情形（共6种情形$j=1,2,3,4,5,6$，可用同一函数表达式表征）下的效用函数为$U_i^j = R_i(k,k) - C_i(k) + R_{ik}^j$，其中$R_i(k,k)$代表因直接惠顾者与间接惠顾者彼此信任而获取的预期收益，$C_i(k)$为社员i因付出信任水平而投入的成本，R_{ik}^j为合作社的盈余返利，$i=\{Z,J\}$，$j=1,2,3,4,5,6$，$k=\{L,H\}$。对于盈余返利R_{ik}^j可作如下具体解读：由于间接惠顾者引领合作社发展，其付出的信任水平越高，合作社的盈余分配越高，当间接惠顾者决策为"H"时，合作社的总盈余为$\bar{R}$，间接惠顾者可以分得的盈余为$\alpha\bar{R}$，直接惠顾者可分得的盈余为$\beta\bar{R}$；当间接惠顾者决策为"L"时，合作社的总盈余为$\tilde{R}$，间接惠顾者可分得的盈余为$\alpha\tilde{R}$，直接惠顾者可分得的盈余为$\beta\tilde{R}$；各参数满足$\tilde{R}<\bar{R}$，这是由于间接惠顾者投入较高的信任水平合作社会获得更高的盈余，且$0<\beta<\alpha<1$。

前面的社会交换分析表明，由于直接惠顾者与间接惠顾者间具有较强的异质性，间接惠顾者是风险的主要承担者，直接惠顾者一般选择规避风险作为第一要务，因此间接惠顾者相对于直接惠顾者拥有相对权威关系。那么，在信任博弈过程中，间接惠顾者相对于直接惠顾者更具有话语权，也就是说，间接惠顾者能够首先在"H"与"L"之间作出策略选择，然后，直接惠顾者基于间接惠顾者的选择在"H"与"L"之间作出策略选择，并基于已有的信任水平策略组合作出"退社"与"不退社"的策略选择，具体博弈过程如图6-3所示。

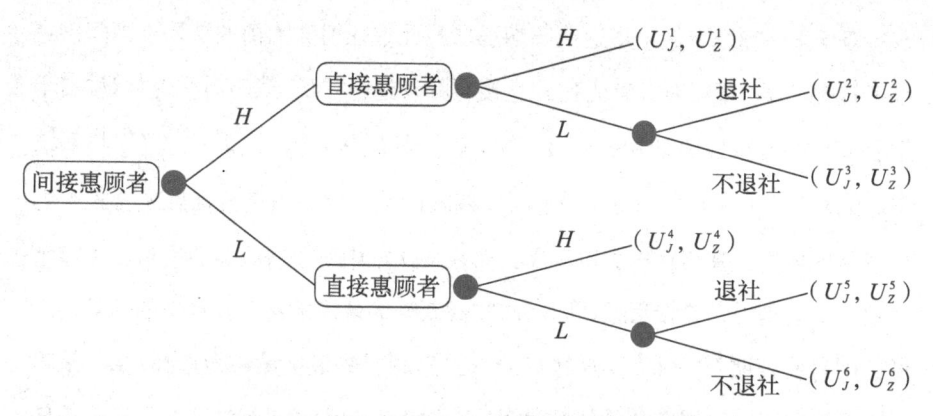

图 6-3 间接惠顾者与直接惠顾者的信任博弈

（二）间接惠顾者与直接惠顾者的信任困境分析

基于信任博弈理论并结合图 6-3 可以发现，直接惠顾者与间接惠顾者的信任博弈行为共有六种博弈结果：(U_J^1, U_Z^1)，(U_J^2, U_Z^2)，(U_J^3, U_Z^3)，(U_J^4, U_Z^4)，(U_J^5, U_Z^5)，(U_J^6, U_Z^6)。各种博弈均衡下两类惠顾者各自的效用具体如表 6-2 所示。

表 6-2 直接惠顾者与间接惠顾者的信任博弈选择

惠顾者的策略	间接惠顾者选择 H 策略	间接惠顾者选择 L 策略
直接惠顾者选择 H 策略后不退社	(U_J^1, U_Z^1) $U_J^1 = R_J(H,H) - C_J(H) + \alpha \bar{R}$ $U_Z^1 = R_Z(H,H) - C_Z(H) + \beta \bar{R}$	(U_J^4, U_Z^4) $U_J^4 = R_J(L,H) - C_J(H) + \alpha \tilde{R}$ $U_Z^4 = R_Z(L,H) - C_Z(H) + \beta \tilde{R}$
直接惠顾者选择 L 策略后退社	(U_J^2, U_Z^2) $U_J^2 = R_J(H,L) - C_J(H) + \bar{R}$ $U_Z^2 = R_Z(H,L) - C_Z(L)$	(U_J^5, U_Z^5) $U_J^5 = R_J(L,L) - C_J(L) + \tilde{R}$ $U_Z^5 = R_Z(L,L) - C_Z(L)$
直接惠顾者选择 L 策略后不退社	(U_J^3, U_Z^3) $U_J^3 = R_J(H,L) - C_J(H) + \alpha \bar{R}$ $U_Z^3 = R_Z(H,L) - C_Z(L) + \beta \bar{R}$	(U_J^6, U_Z^6) $U_J^6 = R_J(L,L) - C_J(L) + \alpha \tilde{R}$ $U_Z^6 = R_Z(L,L) - C_Z(L) + \beta \tilde{R}$

基于表 6-2，下面采用逆向归纳法求解此信任博弈均衡的结果。当间接惠顾者选择 "H" 策略时，首先比较直接惠顾者选择 "L" 策略后在退社 U_Z^2 与不退社 U_Z^3 之间各自的效用，由于 $\beta \overline{R} > 0$，则 $U_Z^2 < U_Z^3$；随后比较 U_Z^1 与 U_Z^3，$R_Z(H,x) - C_Z(x)$ 为 $x \in (0, 1)$ 上的单调减函数，这是由于直接惠顾者投入的信任水平越高，其所付出成本越高，而在合作社中所获得收益的增量则无显著变化，也就是说，直接惠顾者因一次收益获得的效用随着信任水平的提升而降低，则容易证明 $U_Z^1 < U_Z^3$，这意味着直接惠顾者的最优策略为选择 "L" 策略后不退社。因此，博弈结果分析表明，在缺乏有效治理机制的情况下，在信任博弈中直接惠顾者存在主动降低自身信任水平的机会主义行为。当间接惠顾者选择 "L" 策略时，类比分析可得到 $U_Z^5 < U_Z^6$；随后比较 U_Z^4 与 U_Z^6，容易证明 $U_Z^4 < U_Z^6$，这意味着直接惠顾者的最优策略为选择 "L" 策略后不退社，博弈分析结果也表明了直接惠顾者存在主动降低自身信任水平的机会主义行为。这意味着，需要设计合理的治理机制来约束直接惠顾者的机会主义行为，进而提高直接惠顾者的信任水平，以便促进双方关系的良性互动。

下面依据逆向归纳法，对比 U_J^3 与 U_J^6 效用的大小，$R_J(x,L) - C_J(x)$ 在区间 $(0, 1)$ 上为 x 的单调减函数，这是由于在给定作为直接惠顾者投入较低信任水平的情况下，作为间接惠顾者投入较高的信任水平会导致其成本的快速增加而收益增加不显著，易知 $[R_J(H,L) - C_J(H)] < [R_J(L,L) - C_J(L)]$，同时结合仅有间接惠顾者投入高信任水平的情况下 $\overline{R}$ 与 $\tilde{R}$ 两者基本是无差异的，则容易证明 $U_J^3 < U_J^6$。由此可知，间接惠顾者与直接惠顾者信任博弈的均衡为：间接惠顾者选择 "L" 策略，直接惠顾者选择 "L" 策略且不退出合作社。因此，这表明农民合作社内部存在"信任困境"：间接惠顾者与直接惠顾者双方博弈的最优策略是选择投入较低的信任水平，而不是帕累托最优的双方均投入较高的信任水平，这种信任缺失均衡的发展必将造成合作社内部信任关系的走弱，甚至变得完全不信任进而导致合作社走向解散。

由上述分析可以发现，造成农民合作社内部间接惠顾者与直接惠顾者之间信任缺失的症结在于：一方面，两类社员间的强异质性差异使直接惠顾者依赖于间接惠顾者，而间接惠顾者又掌握着更多的决策权以及合作社盈余分配权，这难以形成"同心同德"良性合作机制；另一方面，有效治理机制的缺失使间接惠顾者与直接惠顾者双方存在主动降低信任水平的机会主义行为，与此同时，这也意味着存在机制创新的需求，来破解双方关系中的信任困境。

四、农民合作社的混合治理机制

经济组织作用的有效发挥离不开好的治理机制，农民合作社作为一种特殊的合作经济组织更需要完善的治理机制，尤其是针对间接惠顾者与直接惠顾者双方交易关系的社会维度的治理。农民合作社中社会交换关系意味着，间接惠顾者与直接惠顾者之间从一开始就建立了兼具要素合约、商品合约、关系合约的契约关系。因此，治理机制的选择并不是一个非此即彼的问题。在合作社的实际运用中往往会存在一种复合状态，即多种治理机制同时存在，混合治理机制的优势在于不同治理机制在特定交换关系中可以产生相互补充的作用。基于农民合作社发展中间接惠顾者的寻租行为和直接惠顾者的策略性参与，惠顾者间信任缺失的客观现实，将契约治理与关系治理同时应用于治理间接惠顾者与直接惠顾者的社会交换关系，并从农民合作社发展的不同阶段来构建有效的治理机制，可以实现间接惠顾者与直接惠顾者双方绩效的帕累托改进，提高农民合作社的竞争力、凝聚力和吸引力，从而实现合作社内不同社员之间的"同心同德、共赢发展"的目标。

（一）契约治理机制

这种治理机制将正式契约用于农民合作社内部间接惠顾者与直接惠顾者间的社会交换关系。农民合作社成立之初，间接惠顾者与直接惠顾者之间的交易关系可能没有发生过或仅有数次交易，双方的目标还在从追求各自利益最大化到追求合作社整体利益最大化的过渡阶段，双方之间的依赖关系处于逐步建立之中，间接惠顾者的权威关系得以逐步体现，双方的社会交换关系相对简单，由于双方交易次数过少尚未发展出关系规范，此时间接惠顾者与直接惠顾者间交换关系中的社会互动相对较少。为了促进直接惠顾者积极参加合作社以及规避间接惠顾者与直接惠顾者双方的机会主义行为，可通过设计正式的、硬性的、明确的、规范的书面契约来约定双方在某一时间点上或未来某时间点上可能发生的情况，并作出详细的规定，以约定间接惠顾者与直接惠顾者双方各自的权利与义务。此类契约更符合法律意义上的契约，具有较强的效力，能起到规范双方机会主义行为的作用，进而保障间接惠顾者与直接惠顾者双方社会交换关系的顺利推进，以便实现双方的"共赢"。

（二）关系治理机制

这种治理机制将信任、有效沟通等社会规范用于治理农民合作社中间接惠顾者与直接惠顾者的社会交换关系。在农民合作社的发展中，间接惠顾者与直接惠顾者的交换关系会呈现出较多的关系性特征，交换关系中的社会互动越多，关系要素也就越多，并且双方过去交往积累的经验也越来越多，间接惠顾者与直接惠顾者的每次交易都会被置于双方过去交易的经验以及双方未来交易的预期中。由此，间接惠顾者与直接惠顾者双方的交易变得更为复杂，双方的关系变得更具有非经济性的社会交换性质。合作社发展初期运用的契约治理机制并不能解决将交换双方未来的关键要素写入正式契约的问题，软性的、规范的、非正式的以及非书面的关系治理就应运而生。关系治理一般包括信任、声誉机制、互惠与有效沟通等几个方面，其中信任是其他几种关系治理方式的基础。间接惠顾者与直接惠顾者双方彼此的信任需要双方依赖于过去的经历，彼此了解和熟悉，相互依赖，由于间接惠顾者的权威性难以直接消除，所以基于"威慑"策略（冷酷战略）是不能自我执行的。基于此，构建"声誉激励"的机制，促使间接惠顾者注重自身声誉的建立，如信守合作社盈余分配规则；构建"互惠"与"灵活性"的机制，由于农民合作社并未真正实现完全一体化，这就仍然离不开契约条款的明晰化，然而在市场行情波动的情况下契约难以保障双方能够真正互惠，这就需要双方的关系契约具有一定的灵活性。广泛使用声誉机制、互惠等关系治理机制，能增强间接惠顾者与直接惠顾者的信任和合作动力，强化合作意愿，培养有合作理念的直接惠顾者，以保障合作社的可持续发展。

综上所述，采用混合治理机制更为适宜。由于间接惠顾者是合作社的关键核心成员，其机会主义倾向较低，治理机制设计的关键是在制度上保障其获得合作社的经营管理决策权、剩余控制权和剩余索取权，在关系上增加对直接惠顾者的信任水平，缓和与直接惠顾者之间在利益上的竞争关系。对于直接惠顾者而言，治理机制设计的重点是，在制度上能让其享受由农资和农产品交易商的价格优惠带来的"一次让利"，同时分享到合作社盈利所带来的"二次返利"；在关系上引导其增加关系资本投入，增强信任、互惠等关系性规则的应用，强化其组织归属感。

五、结论与启示

农民合作社的产生和发展是政府诱导的产物，也是市场自由选择的结果，它承载着多元主体的多重利益诉求，其基本功能，除了能增进社会公平、增加农民收入之外，还有培养龙头企业竞争力、保障农产品质量安全，乃至实施政府产业政策等功能。本书从中国农村传统社会特有的信任来源——"关系"入手，基于关系交换理论的分析范式，针对合作社内部间接惠顾者与直接惠顾者之间的交换关系进行了深入分析，通过研究发现，农民合作社中间接惠顾者与直接惠顾者之间存在三种关系：依存关系、权威关系与竞争关系。信任作为维系双方关系的重要协调机制，影响着合作社的可持续运行。由此，在分析间接惠顾者与直接惠顾者双方关系的基础上,本书运用信任博弈理论分析了农民合作社内部的信任问题,由此发现,间接惠顾者与直接惠顾者之间存在"信任困境",双方信任缺失的症结在于:其一,间接惠顾者与直接惠顾者的强异质性,这将使直接惠顾者很大程度上依赖于具有绝对权威的间接惠顾者,从而难以形成双方能够"同心同德"的良性合作机制;其二,有效治理机制的缺失势必会加剧双方主动降低信任水平的机会主义行为的发生。由此,基于农民合作社中间接惠顾者与直接惠顾者的社会交换关系的内容以及信任缺失状况,依据合作社不同发展阶段的关系程度,本书提出可以采用契约治理与关系治理相结合的混合治理机制,以便实现合作社内部间接惠顾者与直接惠顾者绩效的帕累托改进,进而促进农民合作社的可持续发展。

第三节　内部交易关系异变下的风险分担与盈余分配机制

对于惠顾者而言,除了获得农民合作社的使用权以外,参与合作社的价值还在于分享盈余。因此,除了破解直接惠顾者与间接惠顾者间的信任困境以外,农民合作社的规范运行还离不开有效的盈余分配机制。

一、问题的提出

除获得合作社的使用权外,参与合作社的价值还在于分享合作社的盈余。对合作社的可分配盈余而言,重要的问题是确定盈余分配的基础。在农民合作社内部交易关系异变的背景下,直接惠顾者与间接惠顾者存在不同要素的投入。例如,有的直接惠顾者只从合作社购买投入品,有的直接惠顾者只向合作社提供产品,还有的直接惠顾者同时向合作社提供产品和出资;间接惠顾者更多的是向合作社提供资本,这使多种分配基础存在可能。盈余分配既可以通过交易价格调整的方式返还给惠顾者，也可以依据出资以分红形式返还给惠顾者。出于公平和保护直接惠顾者利益的考虑，《农民专业合作社法》第44条规定，可分配盈余主要按照成员与本社交易量（额）比例返还，返还总额不得低于可分配盈余的60%。然而，当实践中普遍存在盈余分配模式偏离合作社惠顾返还价值的现象时，如何构建公平合理的盈余分配机制，以促进农民合作社的健康发展，这在理论层面上值得深入研究。

在内部交易关系异变的背景下，关于农民合作社的盈余分配问题，已有国内外学者进行了富有解释力的研究。库克（Cook）认为新一代农民合作社的利润作为惠顾者退款应该分配给惠顾者，红利分配也应与惠顾者的持股成正比。[1] 米新丽探讨了农民合作社的盈余分配制度设计问题。[2] 夏冬泓和杨杰分析了农民合作社的收益及其归属问题，认为明确各种收益及其归属是保持合作社服务惠顾者与获取营利平衡、体现公共利益政策的必然要求。[3] 合作社惠顾者的异质性会影响合作社的契约安排，进而影响各惠顾者在合作社盈余分配中的权益。[4] 曾明星和杨宗锦基于交易量返利占合作社全部利润的比率构建了农民合作社盈余分配的基本模型。[5] 后来，田艳丽等做了进一步改进，并依据交易量返利占合作社可分配剩余的比率建立了合作社利润分配基本模型。[6] 任大

---

[1] COOK M L. The future of U.S. agricultural cooperatives: A neo-institutional approach [J]. American Journal of Agricultural Economics, 1995, 77 (5): 1153–1159.

[2] 米新丽. 论农民专业合作社的盈余分配制度：兼评我国《农民专业合作社法》相关规定 [J]. 法律科学（西北政法大学学报），2008 (6): 89–96.

[3] 夏冬泓，杨杰. 合作社收益及其归属新探 [J]. 农业经济问题，2010, 31 (4): 33–40, 110.

[4] JIA X P, HUANG J K. Contractual arrangements between farmer cooperatives and buyers in China [J]. Food Policy, 2011, 36 (5): 656–666.

[5] 曾明星，杨宗锦. 农民专业合作社利益分配模型研究 [J]. 华东经济管理，2011, 25 (3): 68–70.

[6] 田艳丽，修长柏. 牧民专业合作社利益分配机制的构建：生命周期视角 [J]. 农业经济问题，2012, 33 (9): 70–76, 111–112.

鹏和于欣慧进一步研究了合作社惠顾返还价值的偏离问题。❶ 总体而言，有关研究对农民合作社盈余分配问题关注不够，理论界和实践界对农民合作社运行中存在的盈余分配不规范、机制不健全、资本报酬过度、惠顾返还价值偏离等问题诟病较多，对如何完善盈余分配机制的建设性意见不多。徐旭初认为农民合作社的分配问题是制度设计和治理结构的结果。❷ 为此，本书从农民合作社盈余分配背后的惠顾者异质性，以及风险分担问题入手，研究如何基于"风险分担、利益共享"的理念来探索公正合理的盈余分配机制，以使合作社的各类惠顾者成为风险分担与利益共享的共同体。

二、分析框架

农民合作社是不同惠顾者为了共同的利益，结成的契约组织。在农民合作社的创建和发展中，资源禀赋的差异导致了惠顾者的要素投入、参与目的、对合作社的贡献以及所承担的风险不同，进而形成异质性结构：直接惠顾者（一般农业生产者）和间接惠顾者（大户农业生产者、农业投资者、农业企业、农产品销售商、农资供应商、技术推广服务机构、社区领袖、供销社等）。在成员异质性条件下，农民合作社通常会面临如下问题：一方面，间接惠顾者为了获取控制权和保障收益而出资参与较多，直接惠顾者由于资本短缺和厌恶风险而不出资或者象征性出资，合作社存在出资参与和风险分担不均衡的问题；另一方面，由于直接惠顾者业务参与不足（不把产品交售给合作社或只交售部分产品，特别是产品好卖的时候），合作社不得不采取"一次让利"替代"二次返利"的措施（在合作社内部交易时以优惠的交易价格将惠顾返还提前兑现），

---

❶ 任大鹏，于欣慧.论合作社惠顾返还原则的价值：对"一次让利"替代二次返利的质疑[J].农业经济问题，2013, 34（2）：44-48, 110.

❷ 徐旭初.谈《农民专业合作社法》实施中的问题及相应的修法思考[J].中国合作经济，2012（7）：29-32.

合作社存在业务参与和风险分担在惠顾者间不均衡的问题。鉴于此，只有充分考虑异质性以及风险分担机制，才能更好地理解农民合作社的盈余分配问题。本节正是基于合作社成员的异质性来构建分析农民合作社的利益分配机制。

（一）惠顾者的资源禀赋

由于潜在惠顾者的多元性，农民合作社的惠顾者资源禀赋千差万别，具有明显的异质性。间接惠顾者掌握着社会资本和资金等关键生产要素；直接惠顾者仅有土地和劳动力等基础性生产要素。在合作社的实际运营中，有的直接惠顾者仅提供产品，有的仅提供资本，有的成员两者均提供，并且各个直接惠顾者所提供的产品或资本的量是不同的。为了有效协调合作社不同惠顾者禀赋的差异与合作社目标统一性之间的冲突，有必要分析并设计有效的盈余分配机制，并且所设计的机制应充分兼顾各惠顾者禀赋的差异，设计的盈余分配比例应该与各惠顾者投入的比例成正比，如此才能促使合作社健康有序地发展。

（二）惠顾者的参与行为

在农民合作社的运行过程中，间接惠顾者往往投入较多的初始资本并将所生产的产品全部交付给合作社，同时，积极参与合作社的经营管理；相对于间接惠顾者，合作社的直接惠顾者多为分散农户，由于缺少资金往往不出资或者象征性地对合作社注入少量资金，除此之外直接惠顾者往往存在机会主义行为，有时会直接将产品销售给市场或者只出售少部分产品给合作社。合作社直接惠顾者的参与不足将不利于合作社的持续发展。因此，有必要设计合理的激励机制以促进直接惠顾者与间接惠顾者积极参与合作社。

（三）合作社面临的风险分担问题

直接惠顾者参与合作社交易时大多期望以优惠价格的方式（销售产品高于当地市场销售价格、采购农资低于当地市场采购价格）一次性现金交付，不愿意承担交易风险,也不愿意接受延期支付。由于直接惠顾者出资较少或者不出资,合作社的资本风险主要由间接惠顾者来承担;由于合作社在收购直接惠顾者的产品时已经支付现金,产品销售的风险也主要由间接惠顾者来承担。合作社建立的初衷是构建一体化的组织以增强其市场竞争力,然而,当前主要由间接惠顾者来承担资本风险和交易风险的状况却是不争的事实。因此,亟须设计一种基于风险分担的盈余分配机制。

(四)合作社的盈余分配机制

在惠顾者异质性条件下,由于资本投入和风险分担不均衡,间接惠顾者可以通过股份分红、交易返利以及在职收益等方式分享合作社的剩余;直接惠顾者只能通过"一次让利"和有限的"二次返利"分享合作社的可分配剩余。当合作社存在惠顾返还价值偏离的问题时,处于弱势的直接惠顾者参与合作社的积极性和对合作社的信任度难以得到提高。

三、农民合作社盈余分配模型的建构

假设农民合作社内部共有 N 个直接惠顾者,其中第 i 个直接惠顾者的初始投入股金为 k_i($k_i \geq 0$),$i = 1, 2, \cdots, n$。由于资源禀赋的差异,直接惠顾者往往出资较少,甚至会有出资为 0 的情况发生,即有的直接惠顾者不出资。假设农民合作社中直接惠顾者都生产和销售同类农产品,合作社的具体运作过程为:首先直接惠顾者 i 以单位成本 C_{11} 向合作社购买生产原材料 Q_i,若直接惠顾者转向市场购买生产原材料,则其单位生产原材料的采购成本为 C_{12},且 $C_{11} < C_{12}$(这是由于合作社给直接惠顾者带来了采购生产原材料的让利);随后直接惠顾者在购买生产材料后各自安排组织生产且生产的农产品是无差异的,待生产结束后直接惠顾者 i 将所生产的所有农产品 Q_i,$i = 1, 2, \cdots, n$,以统一的内部交易价格 w 出售给合作社,如果直接惠顾者因机会主义行为而选择直接在市场

上销售农产品则可获得单位农产品市场价格为 $\bar{w}$（此时 $\bar{w} > w$，否则直接惠顾者不会产生机会主义行为，会将所有农产品均出售给合作社）。随后经过合作社统一加工销售或品牌销售的单位农产品的平均市场销售价格为 p，合作社统一向市场销售产品的单位成本为 C_{21}，而直接惠顾者直接在市场上销售单位农产品的成本为 C_{22}。根据《农民专业合作社法》的规定必须按交易额（量）返利，假设交易量返利占合作社可盈余分配剩余的比率，即农产品交易额（量）返利比率为 λ；农民合作社中提取公共积累积金的比率为 γ，主要包括公积金、公益金和风险金等。

假设直接惠顾者所购买的单位生产原材料可以生产单位农产品（若不相等则可通过相应换算后来做类似分析）。合作社所面对的农产品随机市场需求为 D，其在区间 $[Q-\varepsilon, Q+\varepsilon]$ 上服从均匀分布，其分布函数为 $F(\cdot)$；如果合作社花费一定的成本 C_3 进行风险分担，可降低合作社所销售农产品供需不匹配这一风险问题，风险分担后的需求在区间 $[Q-\tau\varepsilon, Q+\tau\varepsilon]$ 上服从均匀分布，其分布函数为 $G(\cdot)$，其中 $\tau \in [0,1]$，且不失一般性，风险分担成本 C_3 与 $\tau(C_3)$ 成反比。

（一）无风险分担的基本模型

参考曾明星和杨宗锦所构建的合作社利润分配基本模型的理念，以直接惠顾者既愿意参与合作社交易又愿意对合作社投资入股为标准，来确定合作社交易量返利比率（交易量返利占合作社整体利润的比率），基于此来构建农民合作社的无风险分担模型。[1]

农民专业合作社的健康发展需要各个直接惠顾者的积极参与，然而直接惠

---

[1] 曾明星，杨宗锦. 农民专业合作社利益分配模型研究［J］. 华东经济管理，2011，25(3)：68-70.

顾者参与合作社交易必须满足的基本条件为 $w > \bar{w} - C_{22}$❶，即直接惠顾者通过合作社销售产品的收益高于自己在市场销售产品的收益，此时直接惠顾者才有意愿参与合作社的交易活动，反之直接惠顾者没有意愿参与合作社的产品交易，进而选择非合作社的其他渠道来销售自己生产的农产品以获得更大的收益。为了便于分析，首先建立一个农民合作社交易额返利的基本模型，农民合作社的总利润为：

$$\begin{aligned}\pi &= (p-C_{21})E_\varepsilon \min(Q,D) - wQ \\ &= (p-C_{21}-w)Q - (p-C_{21})\int_0^Q F(x)\mathrm{d}x\end{aligned} \quad (1)$$

其中，$Q = \sum_{i=1}^n Q_i$ 为直接惠顾者的农产品产量之和。

直接惠顾者 i（$i=1, 2, 3, \cdots, n$）通过合作社销售其产品的利润为：

$$\pi_i = (w-C_{11})Q_i + \frac{Q_i}{Q}\lambda\pi + \frac{k_i}{K}(1-\lambda-\gamma)\pi \quad (2)$$

其中，$K = \sum_{i=1}^n k_i$ 为直接惠顾者投入的初始股金总和。式（2）中的第一项 $(w-C_{11})Q_i$ 为第 i 个直接惠顾者参与农民合作社后通过内部交易所获得的销售利润（其合作社的内部交易成本为0）；第二项 $\frac{Q_i}{Q}\lambda\pi$ 为第 i 个直接惠顾者从合作社中获得的交易量（额）返利收入；第三项 $\frac{k_i}{K}(1-\lambda-\gamma)\pi$ 为第 i 个直接惠顾者从合作社中获得的资本股份收入。也就是说，式（2）中前两项之和为第 i 个直接惠顾者获得的劳动收入，第三项则为第 i 个直接惠顾者获得的资本收入。

在实际的农产品交易活动中，当直接惠顾者在合作社以外的农产品市场上销售产品获得的净收益不会高于其从合作社内部获得的劳动收入时，直接惠顾

---

❶ 在此条件的约束下合作社的所有成员均将各自生产的农产品出售给合作社。

者才有参与合作社的意愿，即直接惠顾者有意愿参与合作社需满足以下条件：

$$(w-C_{11})Q_i + \lambda \frac{Q_i}{Q}\pi \geq (\bar{w}-C_{22}-C_{11})Q_i \tag{3}$$

通过对式（3）进行整理可得：

$$\lambda \frac{1}{Q}\pi \geq \bar{w}-C_{22}-w \tag{4}$$

将式（1）代入式（4）整理可得：

$$\lambda \frac{1}{Q}\left[(p-C_{21}-w)Q-(p-C_{21})\int_0^Q F(x)\mathrm{d}x\right] \geq \bar{w}-C_{22}-w \tag{5}$$

整理式（5）可得交易额返利率的下界为：

$$\lambda \geq \frac{\bar{w}-C_{22}-w}{(p-C_{21})\left(1-\int_0^Q \frac{1}{Q}F(x)\mathrm{d}x\right)-w} \tag{6}$$

当直接惠顾者的资本入股收益高于将资本存入银行的利息收入时，直接惠顾者才有意愿向合作社注入资本，否则直接惠顾者会将资本投入其他行业以获取更大的资本回报或者直接退出合作社。假设银行的平均利率或同行业的平均投资收益率为 r，则直接惠顾者有意愿参与合作社并对其出资，需满足以下条件：

$$\frac{k_i}{K}(1-\lambda-\gamma)\pi \geq rk_i \tag{7}$$

整理式（7）可得交易额返利率的上界为：

$$\lambda \leq 1-\frac{rK}{\pi}-\gamma \tag{8}$$

综合以上分析可知，当直接惠顾者既有意愿参与合作社的产品交易又有意愿进行资本投入时，合作社的交易额返利率应满足如下条件：

$$\frac{\bar{w}-C_{22}-w}{(p-C_{21})\left(1-\int_0^Q \frac{1}{Q}F(x)\mathrm{d}x\right)-w} \leq \lambda \leq 1-\frac{rK}{\pi}-\gamma \tag{9}$$

在假定农产品的随机市场需求在区间 $[Q-\varepsilon, Q+\varepsilon]$ 上服从均匀分布的情形下，整理式（9）可得：

$$\lambda_{\min} = \frac{\bar{w} - C_{22} - w}{(p - C_{21})\left(\dfrac{Q+2\varepsilon}{4\varepsilon}\right) - w} \leq \lambda \leq 1 - \frac{rK}{\pi} - \gamma = \lambda_{\max} \quad (10)$$

（二）有风险分担的盈余分配模型

当前绝大多数农民合作社的交易额返利率的比例低于法定的60%，直觉上来讲此惠顾返还价值的偏离是由于农民合作社的间接惠顾者更加注重资本回报而造成的，而事实是由于当前合作社的部分直接惠顾者尚未真正履行出资义务，即部分直接惠顾者出资过低甚至出现不出资的情形。因此，一旦出现供过于求等不可控的情形，设计扣留部分"一次让利"利润作为直接惠顾者投入资本的追加机制，以保障农民合作社直接惠顾者履行出资义务，进而在出现风险时可共担风险。下面给出"一次让利"利润的表征，"一次让利"主要包括以下两部分利润：对直接惠顾者 i 而言来自采购生产原材料的让利为 $(C_{12} - C_{11})^+ Q_i$；对直接惠顾者 i 而言来自产品交易的让利为 $(w - \bar{w})^+ Q_i$。

综上分析，对直接惠顾者 i 而言来自农民合作社一次让利的总利润可表征为 $\Delta_i = \left[(C_{12} - C_{11})^+ + (w - \bar{w})^+\right] Q_i$，$(i=1, 2, 3, \cdots, n)$。通过一次让利可以增强合作社与直接惠顾者之间的合作关系，但是，由于有些直接惠顾者对合作社的初始资本投入相对较低或者为0，因此这些直接惠顾者更关注短期收益，从而需尽可能地避开农民合作社的经营风险。针对当前存在的这一现实问题，一方面为了体现增加直接惠顾者在资本投资方面的义务，另一方面为了体现惠顾返还原则以促进农民合作社的可持续发展，可以制定如下策略：农民合作社可在收购农产品时将一次让利利润扣留以作为成员的追加资本投入，待合作社二次返利时将扣留资金返回并给予直接惠顾者一定的新收益。

由于当前农民合作社的剩余分配缺乏有效的风险分担机制，对此，除了增加直接惠顾者的投资义务外，农民合作社还可设计风险分担机制，即首先通过投入一定的成本来防范农产品供需不匹配的风险，随后设计风险分担机制来分担因防范风险而产生的成本。在风险分担机制下农民合作社的总利润为：

$$\begin{aligned}\pi &= (p - C_{21})E_\varepsilon \min(Q, D) - wQ - C_3 \\ &= (p - C_{21} - w)Q - (p - C_{21})\int_0^Q G(x)\mathrm{d}x - C_3\end{aligned} \quad (11)$$

在风险分担机制下，农民合作社的所有惠顾者共同分担风险成本，则单个直接惠顾者通过农民合作社销售产品的利润为：

$$\pi_i = (\bar{w} - C_{12})Q_i + \frac{Q_i}{Q}\lambda\pi + \frac{k_i + \Delta_i}{K + \Delta}(1 - \lambda - \gamma)\pi - \frac{k_i + \Delta_i}{K + \Delta}C_3 + \left[(C_{12} - C_{11})^+ + (w - \bar{w})^+\right]Q_i \quad (12)$$

其中，$\Delta = \sum_{i=1}^{n}\Delta_i$ 为合作社中对直接惠顾者"一次让利"的利润总和。直接惠顾者 i 利润函数的第一项为扣留"一次让利"利润后的销售收入，第二项与基本模型相同，为第 i 个直接惠顾者获得的交易额返利收入，第三项 $\frac{k_i + \Delta_i}{K + \Delta}(1 - \lambda - \gamma)\pi$ 为第 i 个直接惠顾者从合作社中获得的资本股份，包含合作社扣留的一次返利利润收入，第四项 $\frac{k_i + \Delta_i}{K + \Delta}C_3$ 为第 i 个直接惠顾者分担的合作社风险分担成本，第五项 $\left[(C_{12} - C_{11})^+ + (w - \bar{w})^+\right]Q_i$ 为合作社扣留的"一次让利"利润。重新整理式（12）可得第 i 个直接惠顾者的利润函数为：

$$\pi_i = (w - C_{11})Q_i + \frac{Q_i}{Q}\lambda\pi + \frac{k_i + \Delta_i}{K + \Delta}(1 - \lambda - \gamma)\pi - \frac{k_i + \Delta_i}{K + \Delta}C_3 \quad (13)$$

与无风险分担基本模型的分析类似，可得第 i 个直接惠顾者有意愿参与农民合作社需满足如下条件：

$$(w - C_{11})Q_i + \frac{Q_i}{Q}\lambda\pi - \frac{k_i + \Delta_i}{K + \Delta}C_3 \geq (\bar{w} - C_{22} - C_{11})Q_i \quad (14)$$

由式（11）和式（14）整理可得：

$$\lambda\left[(p-C_{21}-w)-(p-C_{21})\int_0^Q \frac{G(x)}{Q}dx-\frac{C_3}{Q}\right] \geq \bar{w}-w-C_{22}+\frac{C_3}{Q_i}\frac{k_i+\Delta_i}{K+\Delta} \quad (15)$$

整理式（15）可得风险分担机制下交易额返利率的下界为：

$$\lambda \geq \frac{\bar{w}-C_{22}-w+\frac{C_3}{Q_i}\frac{k_i+\Delta_i}{K+\Delta}}{(p-C_{21})\left(1-\int_0^Q \frac{G(x)}{Q}dx\right)-\frac{C_3}{Q}-w} \quad (16)$$

在假定风险分担后的农产品的市场需求在区间 $[Q-\tau\varepsilon, Q+\tau\varepsilon]$ 上服从均匀分布的情形下，整理式（16）可得：

$$\frac{\bar{w}-C_{22}-w+\frac{C_3}{Q_i}\frac{k_i+\Delta_i}{K+\Delta}}{(p-C_{21})\left(\frac{Q+2\tau\varepsilon}{4\tau\varepsilon}\right)-\frac{C_3}{Q}-w} \leq \lambda \quad (17)$$

类似于无风险分担基本模型的分析，在农民合作社实施风险分担以及假设银行的平均利率为 r 的情形下，直接惠顾者有意愿参与农民合作社进行出资需满足以下条件：

$$\frac{k_i+\Delta_i}{K+\Delta}(1-\lambda-\gamma)\pi \geq r(k_i+\Delta_i) \quad (18)$$

整理式（18）可得风险分担机制下交易额返利率的上界为：

$$\lambda \leq 1-\frac{r(k+\Delta)}{\pi}-\gamma \quad (19)$$

综合以上分析可知，在农民合作社实施风险分担机制下，当直接惠顾者既有意愿参与合作社的产品交易又有意愿进行资本出资时，合作社的交易额返利率应满足如下条件：

$$\bar{\lambda}_{\min}=\frac{\bar{w}-C_{22}-w+\frac{C_3}{Q_i}\frac{k_i+\Delta_i}{K+\Delta}}{(p-C_{21})\left(\frac{Q+2\tau\varepsilon}{4\tau\varepsilon}\right)-\frac{C_3}{Q}-w} \leq \lambda \leq 1-\frac{r(k+\Delta)}{\pi}-\gamma=\bar{\lambda}_{\max} \quad (20)$$

通过式（10）和式（20）可知，由于 $\Delta = \sum_{i=1}^{n} \Delta_i > 0$，易证 $\bar{\lambda}_{max} < \lambda_{max}$，这意味着与无风险分担的基本模型相比较，基于风险分担的盈余分配模型降低了交易额返利比率的上界；类似分析可知 $\lambda_{min} < \bar{\lambda}_{min}$，这意味着基于风险分担的盈余分配模型下提高了交易额返利比率的下界。由以上分析可知基于风险分担的盈余分配机制缩小了交易额返利比率的可行区域。

四、盈余分配机制设计

农民合作社盈余分配机制的主要目标为：尽可能吸引潜在的直接惠顾者加入合作社并进行农产品交易，培养直接惠顾者良好的合作精神；为集聚资金而积极吸引直接惠顾者出资入股，从而使合作社可以在激烈的市场竞争中得以可持续地健康发展。然而，合作社实际运营中存在的主要问题是部分直接惠顾者的初始投资不足以及资本回报过高进而造成了农产品交易额返利比率过低，其主要原因在于直接惠顾者中的资本投入者承担了合作社所面临的风险。考虑这一现实问题并结合《农民专业合作社法》的有关要求，可以构建基于风险分担的合作社盈余分配机制，具体机制设计可以分如下几步。

首先，扣留"一次让利"利润，以解决部分直接惠顾者初始资本投入不足的问题。合作社中的直接惠顾者往往缺乏资金，同时由于农产品的生产周期长、资金回收慢等因素，直接惠顾者往往更愿意与合作社交易时直接获得现金收益的同时还可以获得价格上的优惠。对此，合作社可以采取农产品生产原材料采购价格优惠的措施，即生产原材料的内部采购价格 C_{11} 要低于市场采购价格 C_{12}；以及农产品内部交易价格的优惠措施，即成员将所生产农产品出售给合作社的内部交易价格 w 高于出售给市场的交易价格 $\bar{w}$。合作社通过价格优惠可以增强直接惠顾者对合作社的信任，但一些直接惠顾者往往更关注短期的现金收益，资金到手后难以有动力对合作社进行投资。对此，合作社可扣留

"一次让利"利润，对于直接惠顾者 i 而言扣留 $\Delta_i = \left[(C_{12}-C_{11})^+ + (w-\bar{w})^+\right]Q_i$ 利润作为该直接惠顾者的投入资金，此时直接惠顾者 i 将农产品直接销售给市场和出售给合作社的现金收益是相同的，故而不存在机会主义行为。通过扣留"一次让利"利润不仅解决了直接惠顾者资金投入不足的问题，而且还会增强直接惠顾者的所有者意识，使直接惠顾者更加关注合作社的发展。

其次，实施风险分担机制，设计以直接惠顾者投入资本占合作社总投入资本的比例来分担风险的机制。在农民合作社的运营过程中之所以会出现资本回报过度的问题，主要在于出资者同时是风险承担者。为克服这一问题，一方面，合作社可投入一定风险分担成本 C_3 以降低农产品供需不匹配的风险，直接惠顾者以资本回报比例 $\dfrac{k_i+\Delta_i}{K+\Delta}$ 来承担风险分担成本，使直接惠顾者关注合作社未来的发展；另一方面，在扣留直接惠顾者"一次让利"利润后，直接惠顾者均投入相应的资本，这使他们成为一个利益共同体共担风险，待销售完成后直接惠顾者均可参与资本收益回报，直接惠顾者 i 的资本回报比例为 $\dfrac{k_i+\Delta_i}{K+\Delta}$。除此之外，合作社在分配资本回报时还需要返回扣留直接惠顾者的"一次让利"利润。在此风险分担机制下，不仅使直接惠顾者成为利益共同体共担风险，还可以享受丰厚的资本回报，这不仅吸引了潜在的直接惠顾者积极参与合作社，而且密切了合作社与直接惠顾者的利益关系。

最后，确定合理的交易额返利比率以及提取适当公积金比例，以保障合作社健康可持续发展。合作社实施基于风险分担的盈余分配机制缩小了交易额返利比率的可行区域，确定的交易额的返利比率在 $\bar{\lambda}_{\min}$ 与 $\bar{\lambda}_{\max}$ 之间，这提升了交易额返利比率的下界（$\lambda_{\min} < \bar{\lambda}_{\min}$），进而既增强了直接惠顾者参与合作社的积极性，又使直接惠顾者获得一定的物质收益；在提升了下界的同时还降低交易额返利比率的上界（$\bar{\lambda}_{\max} < \lambda_{\max}$），这主要是由于扣留了"一次让利"利润，增强了资本回报比率。除了确定更为合理的交易额返利比率区间以外，合作社

还提取了适当比例 γ 的公积金。这一方面可以应对合作社经营过程中的流动资金短缺问题，另一方面可以增加直接惠顾者的资本权益，促进合作社的发展。

为了检验上述机制设计的合理性和可操作性，用一个实例来进行分析。涪陵区卷洞食用菌股份合作社于 2007 年 12 月依法登记，现有入社成员 115 户，成员出资 713 万元（其中 46 户现金出资 506 万元，69 户以土地承包经营权等出资 207 万元），2013 年销售优质食用菌 1150 吨，产值超过 1150 万元，实现销售利润 300 万元，其中提取公积金与公益基金 30 万元（公积金提取比例 γ =10%）。银行的平均利率或同行业的平均投资收益率为 6%。根据当地的实际情况，食用菌 2013 年的市场需求波动幅度不会超过 225 吨，社员因机会主义行为将食用菌直接出售给市场，平均每吨可获得 0.3 万元的收益。根据前面构建的无风险分担的基本模型以及相关分析，该合作社的交易额返利比率的上界为 λ_{max} = 0.7574，交易额返还利比率的下界为 λ_{min} = 0.2222，交易额返利比率的范围为 $0.2222 < \lambda < 0.7574$（介于 22.22% 与 75.74% 之间），这与法律规定的最低交易额返利率不低于 60% 的规定有出入，因此，该合作社 2013 年的盈余分配是有问题的。依据我们所构建的基于风险分担的盈余分配机制，该合作社可以作如下调整：首先，为解决部分成员初始货币资本投入不足的问题，可扣留"一次让利"利润 Δ =115 万元；其次，可提取公积金与公益基金 39 万元（公积金提取比例 γ =13%），通过增加公积金的提取比率来促进合作社的资产积累；再次，投入一定的风险管理成本 C_3 = 11.5 万元，以降低产品供需不匹配的风险；最后，将扣留的"一次让利"利润参与资本回报收益。通过以上调整，该合作社的交易额返还比率的范围为 $0.6132 < \lambda < 0.7044$（介于 61.32% 与 70.44% 之间），盈余分配机制逐步趋向合理。

当然，通过暂扣"一次让利"利润并转变为直接惠顾者出资来增强直接惠顾者黏性，实际上是要求直接惠顾者推迟满足感来获得较长期的收益。这种做法迫使直接惠顾者必须作出类似于定期、活期储蓄的选择，这在惠顾者同质性较强的情形下可操作性较强。但是，在惠顾者多元异质的情况下，其在实践中是否可行尚有待进一步观察。事实上，在惠顾者异质性条件下，有一部分惠顾者可能一开始就不愿意将自己与合作社锁定在一起，他们满足于价格改进，而不奢望惠顾返还，更不祈求分享控制权。因此，对于农民合作社的盈余分配机制设计，搞"一刀切"方式是难以奏效的。

五、结论与启示

上述所设计的盈余分配机制对农民合作社合理制定剩余分配政策有如下启示：第一，调整直接惠顾者的义务，为增加部分直接惠顾者的投资义务，扣留直接惠顾者的"一次让利"利润作为参与合作社的资本，待年终决算时再将扣留资本的分红收益返还给各个成员，以此来解决直接惠顾者资本参与不足的问题；第二，考虑到惠顾者异质性问题，合作社盈余分配的比例应该与各惠顾者投入的比例成正比，资本分红与惠顾者所投入资本成正比，包括暂扣的"一次让利"利润；第三，设计合作社的风险分担机制，依据出资的多少来承担相应的风险，如此安排更有利于合作社后续风险的分担。基于以上三点，可依据此盈余分配机制来确定合理的交易额返利比率，进而促进合作社未来的健康发展。通过此种制度安排，一方面，会让未出资或者出资较少的部分惠顾者也通过暂扣的"一次让利"利润获得合作社的资本收益，这可以对合作社中较小的直接惠顾者给予更多的利益保护，也更能体现盈余分配"追求公平"的价值；另一方面，按照投入比例来分配合作社的风险成本，这样的分配安排更有利于全体惠顾者目标的一致化，进而为合作社的健康发展提供有力支撑。

第七章 农民合作社的外部交易关系分析

基于内部交易关系的视角，在第四、五和六章中，本书分别针对农民合作社的构建、异变以及治理进行了系统性分析。在市场经济环境不断复杂的背景下，农民合作社开始与其他外部利益相关者开展密切的"合作"，其中最为典型的是农民合作社与超市间的产销对接；[1]农民合作社的再联合[2]这两方面。因此，为了对农民合作社的认识更加深入全面，本章将基于外部交易关系的视角探讨"农超对接"与"合作社再联合"。此外，需要说明的是，在多数情况下，"农超对接"仅仅是农民合作社与超市在农产品产销层面的合作。因此，"农超对接"涉及的是外部交易关系中的业务交易关系，难以涉及治理交易关系。然而，"合作社再联合"除了统一进行农产品的交易以外，还涉及联合社（合作社再联合的产物）治理权的分配。[3]因此，"合作社再联合"不仅涉及业务交易关系还涉及治理交易关系。

如上所述，鉴于农超对接更多的是涉及外部业务交易关系，因此在本章第一节将重点探讨农超对接过程中的利益分析，进而探究博弈的稳定状态。此外，合作社再联合不仅涉及外部业务交易关系还涉及外部治理交易关系，因此

---

[1] 杨浩雄,孙祎琪,马家骥."农超对接"过程中的订单违约问题研究[J].科研管理,2019,40(6):225-233.
[2] 罗千峰,罗增海.合作社再组织化的实现路径与增效机制：基于青海省三家生态畜牧业合作社的案例分析[J].中国农村观察,2022(1):91-106.
[3] 张笑寒,汤晓倩.农民专业合作社联合社成员"搭便车"行为研究：基于演化博弈视角[J].华中农业大学学报(社会科学版),2019(4):45-53,171.

第二节将从业务交易关系与治理交易关系融合的维度探究：联合社的形成以及形成后是如何创造价值的？对于联合社创造的价值，应如何设计相应的分配制度，从而使联合社成员成为风险分担与利益共享的共同体等问题。

第一节 外部业务交易关系下农民合作社与超市对接中的利益分析

一、问题的提出

农超对接是指连锁超市以订单方式从农民合作社直接采购农产品，或者农民合作社直接向连锁超市供应农产品的一种流通模式。作为一种产销结合的创新模式，农超对接一经提出就得到商务部、原农业部以及相关政府部门的支持，诞生以来得以迅速发展。理论上讲，农超对接模式能有效减少农产品在供应链中的流通环节，降低成本，提高效率，实现商家、农民、消费者共赢的局面。然而，农民合作社与超市的合作机制是农超对接有效实施的关键所在，关系到农产品供应链能否有效运作，是值得关注的重要研究问题。关于农超对接的现有研究，主要集中在农超对接的合理性及其实施的理论探索、[1]运作模式、[2]运行的绩效分析、[3]以及农民合作社参与农超对接的影响因素分析[4]等问题的研究。除此之外，部分学者还针对农民合作社与超市在合作中的博弈问题进

---

[1] 钱昭英，徐大佑. 供销合作社农产品流通模式优化路径探讨 [J]. 商业经济研究，2020（24）：21-23.

[2] 王虹，孙玉玲. 生鲜农产品供应链全渠道运营模式分析 [J]. 工业工程，2019，22（6）：74-79，109.

[3] 史文倩，张红丽. "农超对接"模式下参与主体收益分配分析：以"农户+合作社+超市"模式为例 [J]. 江苏农业科学，2016，44（3）：466-470.

[4] 郭锦墉，黄强，徐磊. 农民合作社"农超对接"参与意愿与程度的影响因素研究：基于交易费用与江西的抽样调查 [J]. 农林经济管理学报，2018，17（4）：374-381.

行了研究，例如，郑琪等从博弈论的角度出发，通过建立农民专业合作社和大型超市的博弈模型分析得出双方的纳什均衡策略，进而深入分析农超对接模式的现实意义，并进一步提出了富有针对性的建议。❶ 郭新悦等将易腐产品的衰减性质和冷藏成本融入供应链定价博弈，研究了面对不同的销售模式时，合作社与零售超市的定价和冷藏决策。❷ 周涛等以农超对接双渠道生鲜农产品供应链为研究对象，设计无主体保鲜努力投入、合作社保鲜努力投入以及超市保鲜努力投入三种情境，探究了保鲜努力水平对供应链绩效的影响，进而构建了契约模型实现供应链利润优化与协调。❸ 然而，上述研究在讨论农民合作社与超市双方的博弈问题时，对超市经营生鲜农产品的意图（以增加超市客流量为主盈利为辅）、延期支付货款的行为缺乏关注；将农民合作社看作一般的企业整体，对"生产在家，服务在社""服务成员，民主控制""按交易额（量）分配为主，按股分红为辅"等经营模式和制度安排对农民合作社市场交易行为的影响缺乏关注；对政府制定农超对接的扶持政策及其绩效的关注也不足。因此，农超对接研究需要超越仅仅将农民合作社和超市作为主体的分析范式，还应该考虑其他利益相关者对于农民合作社和超市这两个博弈主体决策的影响。

基于上述分析，本节首先分析农民合作社和超市对接中主要利益相关者在合作博弈中的利益诉求，进而建立考虑农户满意程度的农民合作社与超市双方博弈模型，分析延期支付下农民合作社与超市双方的利润，并引入政府政策支持因素，求出考虑不同利益相关者的农超对接利益博弈均衡解以及政府支持对该均衡解的影响，最后给出相应的政策建议。

---

❶ 郑琪，范体军，张磊."农超对接"模式下生鲜农产品收益共享契约［J］.系统管理学报，2019, 28（4）: 742-751.
❷ 郭新悦，胡鸿韬，李军涛.考虑冷藏温度的生鲜产品双渠道供应链定价和冷藏决策［J］.工业工程与管理，2024, 29（1）: 62-71.
❸ 周涛，吕圆圆，周亚萍."农超对接"双渠道生鲜农产品供应链协调研究：基于不同主体保鲜努力视角［J］.管理现代化，2022, 42（1）: 8-16.

二、农超对接中的利益相关者分析

有别于以往对于农超对接问题的研究,本节从利益相关者的视角对农民合作社与超市双方的合作博弈问题进行分析。事实上,以往对于农民合作社与超市双方博弈的研究,往往都是将农民合作社当作独立运营的企业整体来看待,此时双方即等同于一般的供应商企业与零售商企业之间的合作博弈,只关注企业之间的相关关系。然而,从利益相关者视角来看,农超对接这样一个农产品供应链的运作形式,不但要关注农民合作社和超市两个直接发生合约关系的经营主体,还必须关注与其经营活动密切相关的个体和群体,以及其他利益相关者对农超对接所产生的影响。图7-1是基于利益相关者视角农超对接的利益博弈关系示意图。

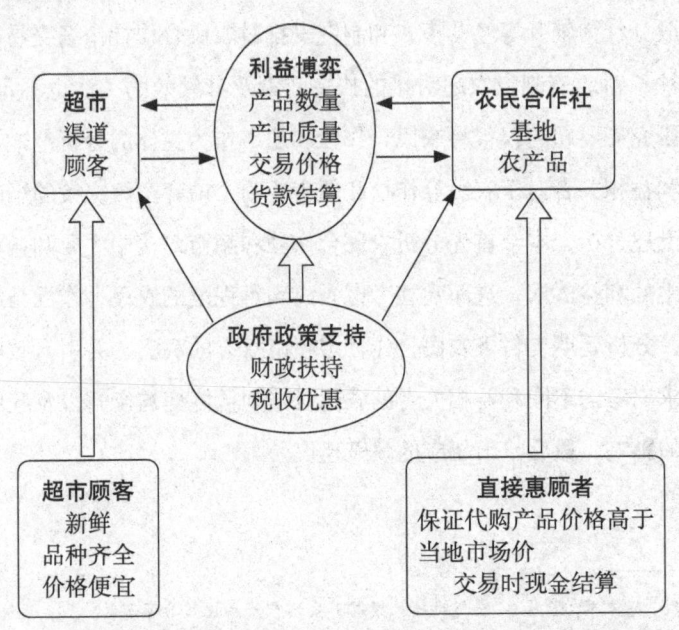

图 7-1 基于利益相关者视角的农超利益博弈关系示意图

由图7-1可以看到,农超对接的利益相关者除了农民合作社和超市外,还包括加入农民合作社的直接惠顾者、超市直接面对的顾客、推进农超对接实施和发展的政府部门。这些利益相关者同农民合作社与超市双方都存在较为密切的联系，以下对农超对接利益相关者之间的关系进行分析。

（一）农民合作社与直接惠顾者

按照《农民专业合作社法》的界定，农民合作社相比其他类型的企业，具有特殊的经济关系和管理方式。与其他追求利润最大化的企业不同，农民合作社的特殊之处在于，其主要是由资源禀赋不同的惠顾者共同组成。其中，直接惠顾者为了自身的利益和生产生活需要，追求在销售农产品时能尽快收到现金，在此基础上再考虑尽可能多地获得利益，这与企业整体追求利润最大化的原则并非完全一致。因此，农民合作社整体收益和单个直接惠顾者之间既存在共同利益，也存在利益冲突。

（二）超市及其顾客

在超市购买农产品时，顾客最为关注农产品的价格和质量。此外，绝大部分超市经营生鲜产品的目的主要是聚人气，通过增加顾客流量带动销量的增加，通过经营农产品盈利的目的反而在其次。由于运输成本和仓储成本不可避免，超市为了向顾客提供优质低价的农产品，只能向农民合作社转嫁成本，农民合作社与超市双方的合作空间进一步受到压缩。

（三）政府

为了实现促进农产品销售、调控物价、抑制通货膨胀、保障食品安全稳定供给等目标，政府积极推动农民合作社和超市双方进行产销对接。在市场主导资源配置的背景下，政府主要通过提供财政扶持、税收优惠等措施促进农超双方进行有效合作。政府到底是支持农民合作社还是支持超市，具体在哪个环节进行支持才能实现农超双方有效对接，面临现实挑战。

三、考虑不同利益相关者的农超利益博弈分析

（一）无政府支持的农超博弈模型

首先考虑无政府支持，仅由市场主导资源配置的情况，超市向农民合作社采购所需要的农产品。假设超市面对的市场需求为 $D = a - bp$。由于超市一般都有固定的订货周期 T，因此每次订货时超市都以价格 ω 向农民合作社采购数量为 Q 的农产品，且超市自身的运营成本为 c_s。当农产品进入超市仓库或卖场后，在其全部销售完之前，超市必须对其进行保存。因此，超市的单位时间单位库存成本为 h，相应的，在任意 t 时刻的库存为 $I(t)$。同时，假设农民合作社对农产品的单位生产成本为 c_f。一般情况下，超市都无法立即支付采购农产品的货款，因此，农民合作社会给出一定的期限，让超市在规定的期限内支付采购货款，设该期限为 M。由于延期支付，必然会有利息的存在，设 I_c 为每年每单位货币的利息支付，I_d 为每年每单位货币的利息收入。

对于超市而言，随着农产品的销售，其库存将会逐渐减少，因此超市库存满足 $\dfrac{\mathrm{d}I(t)}{\mathrm{d}t} = -D = -a + bp$，其中 $t \in [0, T]$。由于不允许缺货，因此 $I(T) = 0$，则可得到 $I(T) = (T-t)D$，而订货量 $Q = I(0) = DT = (a-bp)T$。下面将根据延期支付期限的不同，将其分为以下两种情况分别予以考虑。

1. $M \geq T$

这种情况下，超市在 T 时间内销售所有 DT 的产品，并将在 M 时刻向农民专业合作社支付 ωDT 的采购货款。由于在规定期限内支付货款，超市无须支付利息，在这段时间内持有资金所获得的利息收入为：

$$\frac{pI_d[\int_0^T Dt\mathrm{d}t + DT(M-T)]}{T} = pI_d D\left(M - \frac{T}{2}\right) \tag{1}$$

进而，超市的单位时间利润函数为：

$$\pi_{s1} = (p-\omega)(a-bp) - \frac{(a-bp)Th}{2} - \frac{c_s}{T} + pI_d(a-bp)(M-\frac{T}{2}) \quad (2)$$

2. $M < T$

该情形意味着超市还未销售完所有的农产品时，但已经达到规定的支付期限，超市的利息收入为：

$$\frac{pI_d \int_0^M Dtdt}{T} = \frac{pI_d DM^2}{2T} \quad (3)$$

余下的时间 $[M,T]$ 内超市将为其库存的农产品支付利息为：

$$\frac{\omega I_c \int_M^T I(t)dt}{T} = \frac{\omega I_c D}{T}(\frac{1}{2}T^2 - TM + \frac{1}{2}M^2) \quad (4)$$

进而，超市的单位时间利润函数为：

$$\pi_{s2} = (p-\omega)(a-bp) - \frac{(a-bp)Th}{2} - \frac{c_s}{T} + \frac{pI_d(a-bp)M^2}{2T} - \frac{\omega I_c(a-bp)}{T}(\frac{1}{2}T^2 - TM + \frac{1}{2}M^2) \quad (5)$$

因而，超市的总利润函数为：

$$\pi_s = \begin{cases} \pi_{s1}, M \geq T \\ \pi_{s2}, M < T \end{cases} \quad (6)$$

如果将农民合作社的运营形式看作企业的运营形式，假设其产销平衡，其利润为产销之间产生的收入，而由于其允许超市在一段时间之后再支付货款，则农民合作社会损失这个时间段里由收入所产生的利息。因此，农民合作社单位时间内的利润函数可表述为：

$$\pi_f = \frac{(\omega - c_f)Q - M\omega QI_c}{T} \quad (7)$$

农民合作社的运作与一般企业不同之处在于，它是由多个均具有自主经营权的惠顾者组成的。其中，对于直接惠顾者而言，除希望能够得到更多的收入，也希望能够尽快获得现金。受长期形成的"多得不如少得，少得不如现得"的思维习惯影响，直接惠顾者可能愿意在收入上有一定减少，但能够尽快获得现金。鉴于此，将直接惠顾者对现金的意愿量化成其收入相对于时间的损失，将单位时间的损失设为 $f(t)$，其值随着时间 t 的增加而增加，因此改进的农民合作社的单位时间利润函数为：

$$\pi_f = \frac{(\omega-c_f)Q - M\omega QI_c}{T} - \frac{1}{T}\int_0^T f(t)\mathrm{d}t \qquad (8)$$

进一步，假设 $f(t)=kt$，这意味着随时间的递增，农户由于未能及时收到现金，其可能感觉时间越长收入损失越大。因此，改进的农民合作社的单位时间利润函数具体形式为：

$$\pi_f = \frac{(\omega-c_f)Q - M\omega QI_c}{T} - \frac{1}{T}\int_0^T kt\mathrm{d}t \qquad (9)$$

$$= (\omega-c_f)(a-bp) - M\omega(a-bp)I_c - \frac{1}{2}kT$$

在农超对接中，由于超市往往占据强势地位，不愿立即支付货款。因此，农民合作社允许超市进行延期支付。由此，通过逆向推导方式，农民合作社决定延期支付的时间区间，超市则根据农民合作社给出的延期支付期限，确定最终的采购数量。对于超市而言，其决策变量为农产品定价，因此将式（2）和式（5）分别对价格 p 求导，分别可以得到：

$$\frac{\partial \pi_{s1}}{\partial p} = (a-b\omega)2bp + \frac{bTh}{2} + (a-2bp)(M-\frac{T}{2})I_d \qquad (10)$$

$$\frac{\partial \pi_{s2}}{\partial p} = (a-b\omega)2bp + \frac{bTh}{2} + \frac{(a-2bp)I_d M^2}{2T} + \frac{\omega I_c b}{T}(\frac{1}{2}T^2 - TM + \frac{1}{2}M^2) \qquad (11)$$

分别令 $\frac{\partial \pi_{s1}}{\partial p} = 0$ 和 $\frac{\partial \pi_{s2}}{\partial p} = 0$，即可得到超市的最优定价为：

$$p = \begin{cases} p_1 = \dfrac{\dfrac{bTh}{2} + a(M - \dfrac{T}{2})I_d}{2b\left[(M - \dfrac{T}{2})I_d - (a - b\omega)\right]}, & M \geq T \\ p_2 = \dfrac{\dfrac{bTh}{2} + \dfrac{\omega I_c b}{T}(\dfrac{1}{2}T^2 - TM + \dfrac{1}{2}M^2) + \dfrac{aI_d M^2}{2T}}{2b\left[\dfrac{I_d M^2}{2T} - (a - b\omega)\right]}, & M < T \end{cases} \quad (12)$$

由于农民合作社和超市一般在农产品正式交易之前就签订好采购合同，并规定了交易价格。因此，这里只考虑农民合作社的决策变量为决定最优的支付期限，也即农民合作社根据超市可能的最优市场价和对应的订购数量，给定有利于自己的支付期限，要求超市尽可能在这个期限内支付采购货款。因而，进一步将式（12）中的两个价格公式分别代入订购数量表达式 $Q = (a - bp)T$ 和农民合作社的利润函数式（9）中，分别可得：

$$\pi_{f1} = (\omega - c_f)(a - bp_1) - M\omega(a - bp_1)I_c - \dfrac{1}{2}kT \quad (13)$$

$$\pi_{f2} = (\omega - c_f)(a - bp_2) - M\omega(a - bp_2)I_c - \dfrac{1}{2}kT \quad (14)$$

分别将式（13）和式（14）中的利润函数对支付期限 M 求偏导，并令 $\dfrac{\partial \pi_{f1}}{\partial M} = 0$ 与 $\dfrac{\partial \pi_{f2}}{\partial M} = 0$，可求出对应的最优支付期限 M_1 和 M_2，并将 M_1 和 M_2 分别代入式（13）和式（14），可得到两种情形下农民合作社的最优利润 π_{f1}^* 和 π_{f2}^*。若 $\pi_{f1}^* > \pi_{f2}^*$，农民合作社制定的最优支付期限为 M_1，反之为 M_2。

（二）有政府支持的农超博弈模型

为推动乡村振兴，政府正大力支持农民合作社的发展以及"农超对接"的实施。由图7-1可知，一般来说，政府可以采取财政扶持项目方式给予支持，也可以采取税收优惠方式给予支持。其中，前者可以认为是政府对农民合作社进行资金投入，后者可以认为是政府减少超市的部分税收。下面分析两种不同情形下的农超博弈模型。

1. 财政扶持

政府对农民合作社进行财政扶持可以有多种形式，为了便于分析，这里考虑两种较为简单的扶持方式：一是政府直接给予农民合作社一定数量的财政项目资金；二是在农产品的交易价格事先签订合同的情况下，政府对每单位产品给予农民合作社一定的额外支付。如果政府采取税收和补贴持平的政策，即将向超市销售农产品征收的部分相关税收支付给农民合作社，那么这与政府向超市减少部分税收的策略相同。接下来，先分析政府对农民合作社进行资金投入方面的扶持对农产品供应链的影响。

若政府的财政项目资金扶持为固定数量的资金，设其为 F，则农民合作社的单位时间利润函数由式（13）和式（14）变为式（15）式（16）

$$\overline{\pi_{f1}} = (\omega - c_f)(a - bp_1) - M\omega(a - bp_1)I_c - \frac{1}{2}kT + \frac{F}{T} \tag{15}$$

$$\overline{\pi_{f2}} = (\omega - c_f)(a - bp_2) - M\omega(a - bp_2)I_c - \frac{1}{2}kT + \frac{F}{T} \tag{16}$$

由于农民合作社的决策变量是超市的延期支付时间 M，因此将式（15）和式（16）的利润函数分别对延期支付时间 M 求导，并令 $\frac{\partial \overline{\pi_{f1}}}{\partial M} = 0$ 与 $\frac{\partial \overline{\pi_{f2}}}{\partial M} = 0$，可得到对应的最优支付期限 $\overline{M_1}$ 和 $\overline{M_2}$ 值。

值得注意的是，在式（15）和式（16）中，政府对于农民专业合作社的财政项目资金投入 F 是固定值，与决策变量 M 无关。因此，式（15）和式（16）的利润函数分别对延迟交付期限 M 求导之后，作为常数项的 F 不再出现在 $\overline{M_1}$ 和 $\overline{M_2}$ 及表达式中，亦即 $\overline{M_1} = M_1$ 以及 $\overline{M_2} = M_2$。这意味着政府对农民合作社进行固定数量资金投入，可以提高合作社的最终利润，但并没有改变农民合作社所作出的最优延期支付时间的决策。进而，对于超市而言，也不会改变其对农产品的采购定价、采购数量以及实际的货款支付时间。因此，可以认为，政府对农民合作社进行固定资金的投入和扶持，不会改变农民合作社与超市原有的合作关系。

若政府采取的扶持措施是根据超市的实际采购数量，向农民合作社给予每单位产品额外的补助，假设该单位产品的补助为 μ，则农民合作社的单位时间利润函数由原先的式（13）和式（14）变为式（17）和式（18），即

$$\overline{\overline{\pi_{f1}}} = (\omega + \mu - c_f)(a - bp_1) - M\omega(a - bp_1)I_c - \frac{1}{2}kT \tag{17}$$

$$\overline{\overline{\pi_{f2}}} = (\omega + \mu - c_f)(a - bp_2) - M\omega(a - bp_2)I_c - \frac{1}{2}kT \tag{18}$$

将式（17）的利润函数对 M 求导，可以得到：

$$\frac{\partial \overline{\overline{\pi_{f1}}}}{\partial M} = -(\omega + \mu - c_f)bp_1'(M) - \omega[a - bp_1(M)]I_c + M\omega bp_1'(M)I_c \tag{19}$$

令 $\dfrac{\partial \overline{\overline{\pi_{f1}}}}{\partial M} = 0$ 并进行变化可得：

$$\overline{\overline{M_1}} = \frac{(\omega + \mu - c_f)b}{\omega bI_c} + \frac{a - bp_1(\overline{\overline{M_1}})}{bp_1'(\overline{\overline{M_1}})} \tag{20}$$

作为对比，同样将式（13）进行求导可得：

$$\frac{\partial \pi_{f1}}{\partial M} = -(\omega - c_f)bp_1'(M) - \omega[a - bp_1(M)]I_c + M\omega bp_1'(M)I_c \tag{21}$$

并令 $\dfrac{\partial \pi_{f1}}{\partial M} = 0$，进而化简可得：

$$M_1 = \frac{(\omega - c_f)b}{\omega bI_c} + \frac{a - bp_1(M_1)}{bp_1'(M_1)} \tag{22}$$

将式（22）代入到式（19）中，有：

$$\begin{aligned}\left.\frac{\partial \overline{\overline{\pi_{f1}}}}{\partial M}\right|_{M=M_1} &= -(\omega + \mu - c_f)bp_1'(M_1) - \omega[a - bp_1(M_1)]I_c + M_1\omega bp_1'(M_1)I_c \\ &= -(\omega - c_f)bp_1'(M_1) - \omega[a - bp_1(M_1)]I_c + M_1\omega bp_1'(M_1)I_c - \mu bp_1'(M_1) \\ &= -\mu bp_1'(M_1)\end{aligned} \tag{23}$$

由于 $p_1'(M)$ 是通过价格 p_1 对延迟支付期限 M 的相关关系进行判断，因此在式（12）中可以看到，分母部分 M 对 p_1 的影响为 $2bI_d$，而分子 M 对 p_1 的影响为 aI_d。由于在需求函数中，a 为潜在市场容量，b 为价格对需求的敏感系数，因此一般都有 $a>b$，因而可以认为 $p_1'(M)>0$，由此式（23）满足：

$$\left.\frac{\partial \overline{\overline{\pi_{f1}}}}{\partial M}\right|_{M=M_1} = -\mu b p_1'(M_1) < 0 \qquad (24)$$

这就意味着当 M_1 使得 $\frac{\partial \pi_{f1}}{\partial M}=0$ 时，$\frac{\partial \overline{\overline{\pi_{f1}}}}{\partial M}<0$，亦即此时利润函数 $\overline{\overline{\pi_{f1}}}$ 关于 M 的曲线已经向下，有 $M_1 > \overline{\overline{M_1}}$。通过同样的分析方法，进而可以得到 $M_2 > \overline{\overline{M_2}}$。与前文的分析相同，此时农民合作社对于延迟支付期限的选择是根据利润最大化原则进行的，亦即分别将 $\overline{\overline{M_1}}$ 和 $\overline{\overline{M_2}}$ 代入到式（17）和式（18）中求出 $\overline{\overline{\pi_{f1}}}^*$ 和 $\overline{\overline{\pi_{f2}}}^*$ 的值，若 $\overline{\overline{\pi_{f1}}}^* > \overline{\overline{\pi_{f2}}}^*$，则农民合作社的最优延期支付期限为 $\overline{\overline{M_1}}$，反之最优延期支付期限为 $\overline{\overline{M_2}}$。

无论农民合作社对于延迟支付期限的决策是 $\overline{\overline{M_1}}$ 还是 $\overline{\overline{M_2}}$，由于有 $M_1 > \overline{\overline{M_1}}$ 和 $M_2 > \overline{\overline{M_2}}$，这意味着当政府对农民合作社出售给超市的所有产品进行单位补贴时，农民合作社不但没有因为得到了补贴而放宽对超市延迟支付的期限，反而是将这个期限减小了，这样一个结果看似不合常理，但是恰好符合实际情况。因为从农民合作社和超市之间的博弈关系来看，通常情况下，超市都在农产品供应链中占据强势地位，尽管表面上看起来采购货款的延迟交付期限是由农民合作社制定的，主动权在农民合作社这边，但是实际上超市的强势导致农民合作社依赖超市销售产品之后支付货款，所以不得不将延迟交付的期限制定得稍长，否则难以和超市建立稳定的合作关系。但是，如果政府对农民合作社进行扶持，使其拥有一定的现金，满足农民合作社直接惠顾者对现金的要求，这在一定程度上减少了农民合作社对超市现金的依赖，使农民合作社在农产品供应链中的地位有所提高，从而可以去制定更有利于自身的延迟交付期限，即表现为制定相对短一点的延迟交付期限。

此外，通过对式（23）的分析可知，$p_1'(M) > 0$，即超市对农产品的定价与农民合作社给出的延迟交付期限正相关。因此，农民合作社在得到政府的资金支持后，减少其给予超市的延迟支付期限，则此时超市对农产品的定价降低，即随着延迟支付期限由 M_1 下降到 $\overline{\overline{M_1}}$，超市对农产品的定价也由 $p_1(M_1)$ 下降到 $p_1(\overline{\overline{M_1}})$。进而，由于需求函数为 $D = a - bp$，则实际的需求由 $D(M_1) = a - bp_1(M_1)$ 上升到 $D(\overline{\overline{M_1}}) = a - bp_1(\overline{\overline{M_1}})$，且由于超市向农民合作社订购的农产品数量为 $Q = DT$，则超市的订购数量也由 $Q(M_1) = D(M_1)T$ 上升到 $Q(\overline{\overline{M_1}}) = D(\overline{\overline{M_1}})T$；通过对 M_2 与 $\overline{\overline{M_2}}$ 的分析可以得到相同的变化规律。此时，可以发现，政府对农民合作社销售所有农产品进行单位补贴的方式，可以帮助超市降低对农产品的定价，并增加超市向农民合作社的订货数量，这对于消费者、超市和农民合作社均有好处。一方面，超市降低了农产品的价格，增加了消费者的效益，同时超市也希望增加消费者进入卖场购买农产品进而实现对其他产品的同步购买，增进超市的整体利润；另一方面，超市增加了订货量，只要在农民合作社的生产能力范围内，就可以保证农民合作社生产的农产品有较为稳定的销售渠道，这有利于农民合作社的稳定发展。

2. 税收优惠

政府对超市减免销售农产品方面的部分税收，本质上是降低了超市的运营成本，在保证超市利润的情况下，政府的减税政策可以使超市拥有相对更多的现金，从而可以支付给农民合作社。为了判断政府的减税政策对于超市和农民合作社的影响，仍然沿用上面的模型来进行分析。

当超市订购的产品全部售完所需时间和农民合作社制定的延期支付时间满足 $M \geq T$ 时，超市的单位时间利润函数为式（2），若考虑政府对超市减少征税，亦即降低了超市的运营成本，则其单位时间利润函数变为：

$$\hat{\pi}_{s1} = (p-\omega)(a-bp) - \frac{(a-bp)Th}{2} - \frac{\hat{c}_s}{T} + pI_d(a-bp)(M-\frac{T}{2}) \quad (25)$$

此时同样将利润函数 $\hat{\pi}_{s1}$ 对价格求导，且令 $\frac{\partial \hat{\pi}_{s1}}{\partial p} = 0$，由此可得到超市的最优定价为：

$$\hat{p}_1 = \frac{\frac{bTh}{2} + a(M-\frac{T}{2})I_d}{2b\left[(M-\frac{T}{2})I_d - (a-b\omega)\right]} \quad (26)$$

将式（26）与式（12）中当 $M \geq T$ 时最优定价 p_1 的表达式相比不难发现，有 $\hat{p}_1 = p_1$，即政府减税政策下超市对农产品的最优定价与无政府减税政策时的价格相同。进而将其代入到订货数量函数可以发现 $\hat{Q}_1 = Q_1$，即政府减税政策下超市向农民合作社订购的最优数量与无政府减税政策时的订购数量相同。进一步分析还可以得到，$\pi_{f1} = \hat{\pi}_{f1}$，其中 $\hat{\pi}_{f1}$ 为在政府对超市减税之后农民合作社的利润，且 $M_1 = \hat{M}_1$，其中 $\hat{M}_1$ 为在政府对超市减税之后农民合作社制定的最优延期支付期限，这意味着农民合作社的最优利润和制定的最优延迟支付期限与无政府减税政策时相同。唯一不同的是，超市在最优市场价格和订购数量、延期支付期限等条件都相同的情况下，由于政府的减税导致运营成本降低，其获得的单位时间利润得到增加。

同样，当超市订购的产品全部售完所需时间和农民合作社制定的延期支付时间满足 $M < T$ 时，超市的单位时间利润函数为式（5），若考虑政府对超市减少征税，亦即降低了超市的运营成本，则其单位时间利润函数变为：

$$\hat{\pi}_{s2} = (p-\omega)(a-bp) - \frac{(a-bp)Th}{2} - \frac{\hat{c}_s}{T} + \\ \frac{pI_d(a-bp)M^2}{2T} - \frac{\omega I_c(a-bp)}{T}(\frac{1}{2}T^2 - TM + \frac{1}{2}M^2) \quad (27)$$

与上面的处理方式相同,将利润函数 $\hat{\pi}_{s2}$ 对价格求导,且令 $\frac{\partial \hat{\pi}_{s2}}{\partial p}=0$,由此可得到超市的最优定价为:

$$\hat{p}_2 = \frac{\frac{bTh}{2}+\frac{\omega I_c b}{T}(\frac{1}{2}T^2-TM+\frac{1}{2}M^2)+\frac{aI_d M^2}{2T}}{2b\left[\frac{I_d M^2}{2T}-(a-b\omega)\right]} \quad (28)$$

将式(28)与式(12)中当 $M < T$ 时的最优定价 p_2 的表达式相比,同样可以发现有 $\hat{p}_2 = p_2$,亦即可以得到 $\hat{Q}_2 = Q_2$,$\pi_{f2} = \hat{\pi}_{f2}$ 和 $M_2 = \hat{M}_2$,这意味着超市对农产品的最优定价和采购数量、农民合作社的利润和制定的最优延迟交付期限均与无减税政策时相同。同样,超市在最优市场价格和订购数量、延期支付期限等条件都相同的情况下,由于政府的减税导致运营成本减少,则其获得的单位时间利润得到增加。

通过上述分析可以发现,政府对超市从农民合作社采购农产品进行减税,尽管减少了超市的现金支出,表面上看来可以促进超市尽快支付采购货款,多采购农民合作社的产品。然而,事实上政府对超市的减税政策,只是减少了超市的运营成本,增加了其销售农产品的总利润,却没能够使农民合作社缩短其制定的最优延期支付期限,即超市仍然按照最初确定的延期支付货款期限进行支付,没有改善农民合作社的产品在超市的销售情况。因此,从促进农超对接发展角度来看,政府对超市的减税政策效果并不明显。

四、结论与启示

从利益相关者视角采用博弈论的方法,通过建立农民合作社和超市的利益博弈模型,分析了三种不同的政府扶持政策下农民合作社与超市各自的利润情况以及关于超市采购货款延迟支付期限的制定决策,并同无政府扶持政策下农民合作社制定的超市采购货款延期支付期限策略进行了对比,得到以下结论:

（1）政府对农民合作社进行固定资金投入，虽然能够增加农民合作社的利润，但无法改变农民合作社的延迟支付期限的决策。（2）政府对农民合作社销售给超市的农产品进行单位数量的补贴，对农民合作社、超市和消费者均有好处。一方面，该政策不但可以提高农民合作社的利润、在农产品供应链中的重要性，制定相对较短的延迟支付期限，还能增加农民合作社的产品销售渠道的稳定性；另一方面，促使超市降低农产品价格，使消费者利益得到增加，同时也使超市实现聚集人气，带动其他产品同步销售，总利润得到增加。（3）政府对超市从农民合作社购进的农产品进行减税的政策，只是增加了超市的利润，并不能使超市更早地将采购货款支付给农民合作社，也不会增加对农民合作社产品的采购。

根据以上分析的结论可以发现，虽然从政府角度而言，最为有效的政策是采取结论（2）的调控政策：根据农民合作社销售给超市的农产品的数量，进行单位数量的补贴。然而，实施该策略最大的阻碍是农超双方的交易信息对于政府而言并非透明的，即政府难以准确了解农超双方实际的交易数量，因此实施该策略必须依靠农超双方主动向政府提交真实准确的交易信息。如果要避免政府对市场交易的过度干涉，或是避免政府无法充分了解农超双方的交易信息，此时政府可以通过将结论（1）和结论（3）的策略结合起来实施，即同时给予农民合作社一定的固定资金扶持并对超市进行一定的减税政策，再由农超双方的博弈和自由市场行为来调整采购货款支付的期限，从而达到间接推动农超对接的发展，维护农民合作社和超市各自利益的目的。

第二节 业务与治理交易关系融合下农民合作社的再联合

一、问题的提出

作为衔接小农户和现代农业发展的重要组织载体，农民合作社在帮助农户降低交易成本与获取规模效益等方面发挥了积极的作用。然而，随着市场经济环境日益复杂，作为独立的经营主体，农民合作社暴露出组织化程度偏低、市场竞争力较弱及抗风险能力不够等问题。为此，多家农民合作社自愿开展合作、共同组建农民合作社联合社（以下简称联合社），以期适应新的市场环境和突破自身发展条件的约束。同时，联合社也在更高层次上推动了小农户与现代农业的有机衔接。

为促进农民合作社进行联合，2017年修订的《农民专业合作社法》新增了"农民专业合作社联合社"一章，❶赋予联合社合法地位。后来，政府提出鼓励同行业或相关产业农民合作社组建联合社，做大做强当地主导产业和特色产业，形成规模优势，提高谈判地位，增强市场话语权。在党中央政策的引导与支持下，联合社在全国范围内发展迅速。截至2021年底，全国依法登记的联合社数量为13448个。❷在联合社发展实践的激励下，相关专家学者对联合社成立的动因与驱动机制进行了探究。通过对多家联合社进行调查，刘同山等

---

❶ 2006年10月31日第十届全国人民代表大会常务委员会第二十四次会议通过，2017年12月27日第十二届全国人民代表大会常务委员会第三十一次会议修订。

❷ 农业农村部农村合作经济指导司.中国农村合作经济统计年报（2021年）[M].北京：中国农业出版社，2022.

发现农民合作社进行再联合是为了提高其市场谈判地位、实现规模化发展以及延长产业链。❶孔祥智等还发现降低交易成本也是农民合作社进行联合的重要动因之一。❷张琛等指出农民合作社进行再联合的目的还在于尽可能地获得制度收益。❸除了追求成本最小化与收益最大化外，梅付春等发现农民合作社组建联合社是为了突破生产边界的限制。❹此外，也有研究表明，对外部风险的防范与控制也是农民合作社进行联合的重要动因。例如，谭智心认为联合社通过风险共担机制实现风险分散能有效降低单个农民合作社面临的市场风险。❺上述研究对联合社的形成动因进行了有益的探讨。值得注意的是，他们主要是借助交易成本理论来剖析联合社的形成机理。然而，对政府部门与焦点合作社（发起组建联合社的农民合作社，同时也是联合社的成员社）在联合社形成过程中的作用关注不够。不可否认，政府的扶持引导与推动能有效激励合作社组建联合社。值得思考的是，在政府的激励下，焦点合作社对于联合社的形成究竟有何作用，还有待进一步探究。

关于农民合作社价值创造的方式，一些专家学者进行了有益的研究。陈文等对陕西省合作社联合的现状调查后发现，联合社存在初级、中级和高级三种联合形式，其中初级联合主要表现为联合采购、联合销售以及联合生产；中级联合的目的是通过联合扩大规模，进而增强话语权与提高经济效益；高级联合则是以利益为纽带，实现跨区域与跨行业的联合。❻周杰和黄胜忠研究表明农

---

❶ 刘同山，周振，孔祥智. 实证分析农民合作社联合社成立动因、发展类型及问题[J]. 农村经济，2014（4）：7–12.
❷ 孔祥智，岳振飞，张琛. 合作社联合的本质：一个交易成本解释框架及其应用[J]. 新疆师范大学学报（哲学社会科学版），2018，39（1）：100–106.
❸ 张琛，赵昶，孔祥智. 农民专业合作社的再联合[J]. 西北农林科技大学学报（社会科学版），2019，19（3）：96–103.
❹ 梅付春，黄笑，黄松. 农民专业合作社联合社发展动力与障碍的经济学分析[J]. 河南农业大学学报，2020，54（4）：711–717.
❺ 谭智心. 农民合作社的再联合[J]. 农村工作通讯，2016（14）：7–10.
❻ 陈文，张旭锋，李冬杰. 陕西合作社联合探索与思考[J]. 农村经营管理，2012（4）：23–24.

民合作社的联合方式主要有联合会与联合社，联合会有利于提高交易价值与降低内部成本；联合社更有利于降低交易成本与提高内部价值。❶不可否认的是，作为一种互助性的经济组织，联合社在发展过程中难免存在成员社"搭便车"的行为。如何防范成员社"搭便车"为联合社的健康发展保驾护航成了学界关注的热点。张笑寒和汤晓倩借助演化博弈探讨了联合社成员在联合社不同发展阶段作出的行为选择（是否"搭便车"）。❷张琛和孔祥智认为内部合法性（如规章制度与内部监督）能够有效避免社员"搭便车"从而降低联合社内部的运行风险。❸黄斌等认为规范生产标准（内部制定的惩罚性措施）可以避免成员社"搭便车"行为。❹崔宝玉等指出，如果存在生态圈治理机制但是不存在生态位竞争机制，联合社最终可能面临解散的风险。❺上述视角各异的研究为联合社的发展贡献出了智慧，但是较少关注价值创造的内在逻辑以及盈余分配机制对联合社持续发展的重要性。从最终目的来看，农民合作社进行再联合的目的是创造价值进而分享盈余。由此可见，合理的价值创造模式以及盈余分配机制有利于维护内部成员社的团结一致，进而促进联合社的持续发展。

综上所述，本部分以农民合作社再联合的重要主体焦点合作社为研究切入点，在此基础上构建"形成机制－价值创造－盈余分配"的研究框架，重点探讨三个核心问题：（1）从多主体协同的维度看，联合社是如何形成的，政府部门与焦点合作社对于联合社的形成发挥了何种作用？（2）联合社在形成后是

---

❶ 周杰,黄胜忠.农民专业合作社联合模式分析：基于交易价值视角[J].西北农林科技大学学报（社会科学版）,2014,14(6)：40-44,75.

❷ 张笑寒,汤晓倩.农民专业合作社联合社成员"搭便车"行为研究：基于演化博弈视角[J].华中农业大学学报（社会科学版）,2019(4)：45-53,171.

❸ 张琛,孔祥智.组织合法性、风险规避与联合社合作稳定性[J].农业经济问题,2018(3)：46-55.

❹ 黄斌,张琛,孔祥智.联合社组织模式与合作稳定性：基于行动理论视角[J].农业经济问题,2020(10)：122-134.

❺ 崔宝玉,王孝璱,孙迪.农民合作社联合社的设立与演化机制：基于组织生态学的讨论[J].中国农村经济,2020(10)：111-130.

如何进行价值创造的？（3）对于联合社创造的价值，应如何设计相应的分配制度，从而使联合社成员成为风险分担与利益共享的共同体，以期丰富联合社的理论研究，为联合社的高质量发展提供参考。

二、联合社的形成机制

受资金、技术以及人才等要素的约束，农民合作社在扩大生产经营规模、产业转型升级等方面面临着发展障碍。作为一种加强社际协作的组织方式，联合社有利于实现资源整合，降低交易成本以及提升风险对冲能力，从而成为农民合作社"由弱变强"的关键。除"组织"本身具有的优势以外，联合社的组建还应得到政策上的支持与"领头羊"（焦点合作社）的主导，以推动联合社的形成。接下来，将重点剖析政府部门与焦点合作社对组建联合社的作用。

（一）政府部门的引导

在联合社成立的过程中，政府部门起到了至关重要的作用。这是因为，联合社的组织目标需要各成员社的联合行动来实现。值得注意的是，作为一种联盟性组织，联合社内部既存在集体利益也存在个体利益，且两者不完全一致。尤其是，在成员社分享联合社盈余的过程中，焦点合作社通常会认为，自身的努力没有得到足够的回报，并且其他成员社的行动更像是一种"搭便车"的行为，从而导致联合社内部面临激励不足的问题。因此，仅仅依靠农民合作社自我组建联合社存在较大的困难。相较于其他组织，政府部门具备特有的社会动员能力与社会信誉度，这可以缓解农民合作社激励不足的问题，从而有效推动农民合作社组建联合社。此外，政府还有其他机构不具备的信息、技术及资金等优势，从而可以为联合社提供市场信息、技术支持以及财政资金等服务，并且能够搭建公共服务平台助推联合社的发展。值得注意的是，政府部门支持联合社的创建也隐藏着风险，即在联合社的发展中往往会注入一些政府意愿而非合作社社员的要求。鉴于此，在联合社成立过程中，政府部门应多发挥辅导与引导作用，引领农民合作社向联合社发展；在联合社运行的过程中，政府部门应更多发挥指导作用，缓解联合社内部激励不足的问题；在联合社发展的过程中，政府部门应该注意从成员社的需要出发，立足于满足共同需要，以及为他们的共同利益服务的基本宗旨，强调联合社是由各成员社共同拥有、民主管理、收益共享与风险共担的合作组织。

（二）焦点合作社的主导

联合社是农民合作社获取外部资源实现进一步发展的重要组织形式，亦是农民合作社发展达到一定阶段的必然结果，这是由于依托联合社进行规模化经营，农民合作社可以获取规模收益、提升谈判地位与谈判实力。例如，在政府部门的引导和支持下，三家农民合作社 H_1、H_2 与 H_3 基于共同的发展目标组建联合社，那么联合社就是由这三家农民合作社共同参与的多边联盟[1]，且能将农民合作社 H_1、H_2 与 H_3 的资源在内部进行整合。对此，相关学者认为，降低交易费用与获得组织化潜在利润是农民合作社再联合的动因，这对于理解农民合作社再联合具有重要的指导作用。

然而，从资源基础理论的视角来看，焦点合作社之所以有动力发动其他农民合作社组建联合社。一方面，通过发动相关农民合作社共同组建联合社，焦点合作社能腾出资源，集中于技能优势或者技术创新能力的形成与提升，涉足高价值模块。另一方面，通过组建联合社，焦点合作社可以与其他农民合作社一起合作构建产业生态网，这有利于提升自己对抗外来冲击的能力，也能够对新的市场机会或者市场威胁作出快速反应，特别是通过联合社可以调整和配备资源，并根据市场变化进行革新、转型及升级。此外，通过与其他农民合作社之间的联合，焦点合作社还可以打破市场壁垒，突破某些地区或者产业的市场

---

[1] 多边联盟是指由两个或两个以上的"伙伴"为相同目标组成的联盟群体。

准入。鉴于此，在发起组建联合社时，焦点合作社会尽量考虑各农民合作社的资源情况。从组织形式上看，联合社具备联盟组合的特征，即在焦点合作社主导、其他合作社参与下形成的联盟网络。例如，把农民合作社 H_1 作为焦点合作社，观察它与农民合作社 H_2 和 H_3 组成的合作关系，农民合作社 H_1 则是联盟网络的中心，农民合作社 H_2 和 H_3 是联盟网络的节点。联合社的形成受焦点合作社战略安排的影响，是其可控的、有价值的以及不可模仿的重要资源。因此，从多主体协同的维度看，联合社本质上是由政府部门引导、焦点合作社主导以及其他农民合作社参与的联盟网络。

三、联合社的价值创造

组建联合社并不是最终的目的，农民合作社之间联合的目的是创造价值，并把这种价值在市场上兑现从而分享价值。价值的分享取决于价值的创造，为此，接下来进一步分析联合社在形成后是如何进行价值创造的。

（一）资源视角的价值创造

联合社价值创造是依靠不同农民合作社所拥有的资源及能力来实现的。联合的实质是整合各个农民合作社资源进而形成网络资源来实现价值创造。因此，从资源逻辑的视角来看，联合社进行价值创造主要有以下几种途径：

一是通过组合成员社资源扩展价值创造机会。联合社可以借助各农民合作社所拥有的生产基地、产品、人力、财务、市场等资源构建资源组合，在资源的广度和深度上形成优势，从而能够快速响应客户需求，以满足客户需求，实现对客户的服务承诺。联合社还可以将来自不同合作社的资源进行组合，协调不同合作社通过分工合作进行价值创造。

二是通过整合资源提升价值创造能力。联合社的建立使不同合作社之间的关系更加紧密，这将在很大程度上加强不同合作社之间的联系、沟通，有利于将合作社所拥有的资源、知识进行内部化,特别是有利于在不同合作社之间进行知识的共享和扩散,从而使合作社有机会学习与吸收其他合作社的知识与技能,吸收能力强的合作社通过学习、模仿将其他合作社的特有知识转化为自身技能,进而通过各合作社的资源整合提升联合社的价值创造能力。

三是通过获取外部资源拓展价值创造空间。通过组建联合社,可以实现多个不同合作社之间的合作以构建产业生态网,进而可以获得单个合作社难以获得的外部资源和机会。同时,联合社作为一个联盟组织,能够提升对抗外来冲击的能力和意愿,也能够对新的市场机会或市场威胁作出快速的反应,特别是联合社可以对调整和配备资源作出应对,并根据市场的变化进行革新、转型与升级,进而拓展价值创造空间。

(二)交易视角的价值创造

前文分析了联合社的价值创造的资源逻辑,接下来基于博弈理论,来构建联合社的价值创造的市场逻辑。考虑某一地区内的三个农民合作社 H_1、H_2 以及 H_3。农民合作社 H_i($i=1,2,3$)以单位成本 c_i 生产某一种农产品,然后以单位价格 p_i 在市场上销售。其中,c_i 可以被理解为农民合作社 H_i 的单位生产成本。因此,c_i 越小,农民合作社 H_i 的生产能力与生产效率越高。不失一般性,假设农民合作社 H_2 为焦点合作社。H_1、H_2 和 H_3 面临的市场需求分别为 D_1、D_2 和 D_3,并且可被表征为:$D_1 = A - \beta p_1 + p_2 + p_3$、$D_2 = A + p_1 - \beta p_2 + p_3$、$D_3 = A + p_1 + p_2 - \beta p_3$,其中 $\beta > 0$ 表示消费者的价格敏感系数。该需求函数具有如下含义:随着 β 的增加,农民合作社 H_1 的市场需求越小;随着竞争对手的定价越高,农民合作社 H_1 的市场需求越大。基于以上量化表征,下面分别构建不组建联合社与组建联合社的价值创造模型,进而对比分析这两种不同价值创造模型,以期探究组建联合社是否能创造更多的价值。

当焦点合作社 H_1 不发起组建联合社时,农民合作社 H_1、H_2 和 H_3 将以自身利润最大化为目标进行决策。基于前文分析，农民合作社 H_1、H_2 和 H_3 各自的收益方程分别为：

$$\pi_{H1} = (p_1 - c_1)D_1 \tag{1}$$

$$\pi_{H2} = (p_2 - c_2)D_2 \tag{2}$$

$$\pi_{H3} = (p_3 - c_3)D_3 \tag{3}$$

基于上述等式（1）、（2）、（3），通过求解可知农民合作社 H_1、H_2、H_3 的最优销售价格为：

$$p_{H1}^{N*} = \frac{A + \beta(2A - c_1 + c_2 + c_3) + 2\beta^2 c_1}{4\beta^2 - 2\beta + 2}$$

$$p_{H2}^{N*} = \frac{A + \beta(2A + c_1 - c_2 + c_3) + 2\beta^2 c_2}{4\beta^2 - 2\beta + 2}$$

$$p_{H3}^{N*} = \frac{A + \beta(2A + c_1 + c_2 - c_3) + 2\beta^2 c_3}{4\beta^2 - 2\beta + 2}$$

其中上标"N"代表不组建联合社；上标"$*$"代表最优。进而，可知农民合作社 H_1、H_2、H_3 的最优利润分别为：

$$\pi_{H1}^{N*} = \frac{\beta\left(\frac{A}{2} + (1-\beta^2)c_1 + \Theta\right)^2}{(2\beta^2 - \beta - 1)^2}$$

$$\pi_{H1}^{N*} = \frac{\beta\left(\frac{A}{2} + (1-\beta^2)c_2 + \Theta\right)^2}{(2\beta^2 - \beta - 1)^2}$$

$$\pi_{H1}^{N*} = \frac{\beta\left(\frac{A}{2} + (1-\beta^2)c_3 + \Theta\right)^2}{(2\beta^2 - \beta - 1)^2}$$

最后，可知农民合作社 H_1、H_2、H_3 的利润总额为：

$$\pi_{H1}^{N*}+\pi_{H2}^{N*}+\pi_{H3}^{N*}=\frac{\beta\left(\frac{A}{2}+(1-\beta^2)c_1+\Theta\right)^2+\beta\left(\frac{A}{2}+(1-\beta^2)c_2+\Theta\right)^2+\beta\left(\frac{A}{2}+(1-\beta^2)c_3+\Theta\right)^2}{(2\beta^2+1-\beta)^2}$$

其中 $\Theta=\beta\left(A+\dfrac{c_1+c_2+c_3}{2}\right)$。

通过观察三个农民合作社的最优利润不难发现，π_{H1}^{N*}、π_{H2}^{N*}、π_{H3}^{N*}分别随单位生产成本c_1、c_2、c_3的增加而减少。这表明若不组建联合社，生产成本较低的合作社在市场竞争中更具有优势。那么，值得思考的是，生产成本较低的合作社是否有动力与生产成本较高的合作社共同组建联合社？接下来，本书将构建组建联合社的模型以对此进行讨论。

当焦点合作社H_1发起组建联合社O时，若农民合作社H_2与H_3参与组建联合社，那么农民合作社H_1、H_2与H_3将以联合社的利润最大化为目标进行决策。进而，联合社O的收益方程可被表征为：

$$\pi_O=\sum_{i=1}^{3}(p_i-c_i)D_i \tag{4}$$

求解可知，联合社O三种产品的销售价格分别为：

$$p_1^{Y*}=\frac{A+(\beta-2)c_1}{2(\beta-2)}$$

$$p_2^{Y*}=\frac{A+(\beta-2)c_2}{2(\beta-2)}$$

$$p_3^{Y*}=\frac{A+(\beta-2)c_3}{2(\beta-2)}$$

其中上标"Y"代表组建联合社。基于p_1^{Y*}、p_2^{Y*}与p_3^{Y*}的具体表达式易知：当消费者的价格敏感系数β不超过2时，即$\beta\leqslant2$，组建联合社会导致农产品的价格为负或者为零，这意味着农民合作社此时没有组建联合社的动力。这是因为，当消费者的价格敏感系数较低时，合作社难以通过组建联合社来减小市场竞争并获得价格优势。这也是与实际相符的，即农民合作社组建联合社的动力之一就是减小市场竞争并获得价格优势。鉴于此,接下来的分析将关注 $\beta > 2$ 的情形。

进而,可知联合社的利润为:

$$\pi_O^{Y*} = \frac{C\beta^2 - 2(C+\Omega)\beta + 3A^2 + 4\Omega}{4(\beta-2)},$$

其中 $C = c_1^2 + c_2^2 + c_3^2$;$\Omega = (A+c_2+c_3)c_1 + (A+c_3)c_2 + Ac_3$。

对比农民合作社 H_1、H_2、H_3 的利润总额 $\pi_{H_1}^{N*} + \pi_{H_2}^{N*} + \pi_{H_3}^{N*}$ 与联合社 O 的利润 π_O^{Y*},可知:

$$\pi_O^{Y*} - \left(\pi_{H1}^{N*} + \pi_{H2}^{N*} + \pi_{H3}^{N*}\right) = \frac{\Phi}{4(2\beta+1)^2(\beta-1)^2(\beta-2)},$$

其中 $\Phi = \begin{bmatrix} 4(C+2\Omega)\beta^5 + \left(12A^2 + 4(c_1+c_2+c_3)A + 8(c_1+c_2+c_3)\Theta + 13C + 24\Omega\right)\beta^4 + \\ \left(12A^2 - 8(c_1+c_2+c_3)A - 16(c_1+c_2+c_3)\Theta - 8C - 10\Omega\right)\beta^3 + \\ \left(12A^2 - 4(c_1+c_2+c_3+3\Theta)A - 12\Theta^2 - 8(c_1+c_2+c_3)\Theta - 7C - 16\Omega\right)\beta^2 + \\ \left(12A^2 + 8(c_1+c_2+c_3+3\Theta)A + 24\Theta^2 + 16(c_1+c_2+c_3)\Theta + 6C + 6\Omega\right)\beta + \\ 3A^2 + 4\Omega \end{bmatrix},$

由于 A 表示潜在的市场规模进而一般足够大,因此 $\Phi > 0$。

这意味着,当焦点合作社 H_1 发起组建联合社时,农民合作社 H_1、H_2 与 H_3 可以创造更多的价值。这主要是因为,在组建联合社前为了在农产品市场获得竞争优势,农民合作社 H_1、H_2 与 H_3 会尽可能地降低自身农产品的销售价格,从而导致三方的利润下降。然而,在组建联合社之后,H_1、H_2 与 H_3 所生产的农产品可以借助联合社的平台进行销售,使他们在市场上不会存在竞争关系,因此他们能共同制定一个类似"垄断价格"以获取额外利润。需要注意的是,制定的"垄断价格"不宜过高,否则可能会引致需求的下降,最终导致联合反而无法给农民合作社带来更高的利润。基于以上分析可知,农民合作社联合的实质是，整合不同农民合作社的资源进而形成资源网络以实现价值创造，联合社的建立使不同农民合作社之间的关系更加紧密，这将在很大程度上加强不同农民合作社之间的联系与沟通、缓解竞争给农民合作社带来的不利影响。

四、联合社的盈余分配

农民合作社组建联合社的最终目的在于分享创造的"价值"。因此，如何设计合理且易于执行的收益分配，使联合社创造的价值在各成员社之间进行合理分配，进而促进联合社持续发展，显得尤为重要，否则联合社可能因成员社收益分配不均而面临难以为继的风险。对于联合社的盈余分配，《农民专业合作社法》只做了原则性规定：一是联合社的成员大会决定盈余分配；二是可分配盈余的分配办法由农民合作社联合社章程规定。收益分配本质上是通过约定或者规则确定各成员社在分享联合社盈余时应该遵守的原则或规范。因此，作为一种制度性安排，盈余分配一方面需保证和促进不同成员社资源的整合与协同，从而激励成员社"同心同德"地进行价值创造，也即在焦点农民合作社的发动下各农民合作社均有动力组建联合社，成员社之间"按照出资决定收益"不失为一种激励共同创造价值的有效方案；另一方面应尽可能地避免成员社产生"搭便车"行为，从而降低联合社内部的机会主义风险、降低成员社之间互动的成本并保证彼此的利益获取，以及保护交易专有性投资，成员社之间"按照惠顾分红"可以作为规避"搭便车"行为的一种有效方式。由此，综合考虑上述两方面的原因以及农民合作社的收益分配原则，这里尝试构建"出资收益＋惠顾分红"的联合社盈余分配。接下来，对该盈余分配做进一步探讨。

（一）出资收益

"出资收益"方面，在联合社创造价值后，"出资收益"应该保障焦点合作

社 H_1、成员社 H_2 与 H_3 分享的联合社盈余不低于不出资组建联合社时获得的收益，从而保证焦点合作社 H_1 有动力发起并出资组建联合社 O，以及农民合作社 H_2 与 H_3 有动力参与并出资组建联合社 O。用 φ_{H1}、φ_{H2}、φ_{H3} 分别表示成员社 H_1、H_2、H_3 分享联合社 O 盈余的比例。因此，不难确定 $0<\varphi_{H1},\varphi_{H2},\varphi_{H3}<1$。结合前文分析可知，$\varphi_{H1}$、$\varphi_{H2}$、$\varphi_{H3}$ 还应满足 $\varphi_{H1} \geq \frac{\pi_{H1}^{N*}}{\pi_O^{Y*}}$、$\varphi_{H2} \geq \frac{\pi_{H2}^{N*}}{\pi_O^{Y*}}$、$\varphi_{H3} \geq \frac{\pi_{H3}^{N*}}{\pi_O^{Y*}}$。否则，焦点合作社 H_1 缺乏发起并出资组建联合社 O 的动力，或者农民合作社 H_2 与 H_3 缺乏参与并出资组建联合社 O 的动力。此时，π_{H1}^{N*}、π_{H2}^{N*}、π_{H3}^{N*} 可被看作农民合作社 H_1、H_2、H_3 共同出资组建联合社 O 的机会成本。按照出资的机会成本来确定各自分享联合社盈余的下限优势在于，由于成员社 H_1、H_2、H_3 都可以了解另外两方作出的决策（基于交易关系）并且由于农产品市场需求的透明性，任意一方可以了解到另外两方的机会成本，从而可以在较大程度上避免成员社 H_1、H_2、H_3 在获取"出资收益"时出现机会主义行为。此外，"出资收益"还有利于吸引实力较强的农民合作社加入联合社，进而促进农民合作社之间的资源交换与联合社的持续发展，因为加入联合社不会降低其收益。

（二）惠顾分红

在"惠顾分红"方面，成员社 H_1、H_2 与 H_3 基于对于联合社运营的贡献，可以分享联合社的剩余 $\Delta\pi_O^Y$ [$\Delta\pi_O^Y = \pi_O^Y - (\varphi_{H1}\pi_O^{Y*} + \varphi_{H2}\pi_O^{Y*} + \varphi_{H3}\pi_O^{Y*})$]。不失一般性，成员社 H_1、H_2 与 H_3 自身的盈利能力越大，那么他们对联合社运营的贡献越大。进一步，成员社 H_1、H_2 与 H_3 对联合社运营的贡献表征为 $\lambda_{H1}\pi_{H1}^{N*}$、$\lambda_{H2}\pi_{H2}^{N*}$ 与 $\lambda_{H3}\pi_{H3}^{N*}$，其中 $0<\lambda_{H1},\lambda_{H2},\lambda_{H3}<1$。此外，让 Γ_{H1}、Γ_{H2} 与 Γ_{H3} 分别表示成员社 H_1、H_2 与 H_3 从联合社 O 的剩余 $\Delta\pi_O^Y$ 中分享的利润，则 Γ_{H1}、Γ_{H2} 与

Γ_{H3} 满足 $\Gamma_{H1} = \frac{\lambda_{H1}\pi_{H1}^{N*}}{\pi_O^{Y*}}\Delta\pi_O^{Y*}$、$\Gamma_{H2} = \frac{\lambda_{H2}\pi_{H2}^{N*}}{\pi_O^{Y*}}\Delta\pi_O^{Y*}$ 与 $\Gamma_{H3} = \frac{\lambda_{H3}\pi_{H3}^{N*}}{\pi_O^{Y*}}\Delta\pi_O^{Y*}$。此时，$\Gamma_{H1}$、$\Gamma_{H2}$ 与 Γ_{H3} 可看作，通过组建联合社，农民合作社 H_1、H_2 与 H_3 获得的额外收益。不难看出，成员社获得的额外收益与其对联合社运营的贡献呈正相关关系。因此，一方面，"惠顾分红"可以有效激励成员社对联合社的运营作出积极的贡献，进而推动联合社的持续发展；另一方面，"惠顾分红"在一定程度上能有效避免成员社"搭便车"的行为，原因在于成员社对联合社运营作出的贡献较少，其获得的额外收益也会较少。

为了确保农民合作社有动力共同出资组建联合社，以及在组建联合社后对联合社的运营积极作出贡献，农民合作社 H_1、H_2 与 H_3 分享联合社 O 利润的最优比例应为 $\varphi_{H1}^* = \frac{\pi_{H1}^{N*}}{\pi_O^{Y*}}$、$\varphi_{H2}^* = \frac{\pi_{H2}^{N*}}{\pi_O^{Y*}}$ 与 $\varphi_{H3}^* = \frac{\pi_{H3}^{N*}}{\pi_O^{Y*}}$。这样做除了能够确保农民合作社有动力共同出资组建联合社外，还能够使联合社的剩余 $\Delta\pi_O^Y$ 最大，从而最大限度地激励成员社对联合社的运营作出贡献。基于对联合社运营作出的贡献，成员社 H_1、H_2 与 H_3 的额外收益为 $\Gamma_{H1} = \frac{\lambda_{H1}\pi_{H1}^{N*}}{\pi_O^{Y*}}\Delta\pi_O^Y$、$\Gamma_{H2} = \frac{\lambda_{H2}\pi_{H2}^{N*}}{\pi_O^{Y*}}\Delta\pi_O^Y$ 与 $\Gamma_{H3} = \frac{\lambda_{H3}\pi_{H3}^{N*}}{\pi_O^{Y*}}\Delta\pi_O^Y$，其中 $\Delta\pi_O^Y = \pi_O^{Y*} - \left(\varphi_{H1}\pi_O^{Y*} + \varphi_{H2}\pi_O^{Y*} + \varphi_{H3}\pi_O^{Y*}\right)$。

从组织特性上看，联合社的持续发展依赖于成员社之间的合作。然而，不同成员社之间既存在合作，在某些领域也可能会存在竞争，如涉及盈余分配时。因此，为了更好地促进联合社的持续发展，除了依赖于正式的盈余分配，还需要建立非正式的信任关系。例如，构建信誉激励机制以促使成员社在联合社内部注重信誉，加强成员社之间的彼此信任。

五、结论与启示

从多元主体协同维度，本书分析了政府部门与焦点合作社对联合社形成的推动作用，构建了联合社的价值创造逻辑，进而探讨了促进联合社持续发展的盈余分配问题。

在联合社形成的过程中，政府部门起着重要的引导作用，政府部门的介入能有效地推动联合社的成立和发展；焦点合作社发挥着主导作用，且在发起组建联合社时通常会考虑其他农民合作社的资源禀赋以便配置资源。因此，联合社是在"政府部门引导－焦点合作社主导－其他合作社参与"多主体协同下形成的联盟网络。在形成后，联合社可以对不同成员社已有资源进行组合，扩展和丰富创造价值的机会，将成员社所拥有的资源进行整合从而提升价值创造能力。此外，在市场端，联合社可以通过影响价格来提高交易价值，从而进行价值创造。对于所创造的价值，"出资收益＋惠顾分红"的盈余分配可以推动联合社的持续发展：一方面，"出资收益"可以确保农民合作社有动力参与并出资组建联合社，并且可以有效避免成员社出现机会主义行为；另一方面，"惠顾分红"可以有效激励成员社对联合社的运营发展积极作出贡献。

基于上述结论，可得出如下管理启示：为推动联合社的高质量发展，政府有关部门需要立足当地的农业产业和农民合作社发展的实际情况，有针对性地出台引导和激励农民合作社联合的产业和财政政策，在农业科技研发、公共基础设施、教育和培训等方面提供公共服务。同时，积极培育和支持发展基础好、运行比较规范、有号召和带动能力的农民合作社发起组建联合社。作为发起者，焦点合作社需要识别联合的价值，合理分担创建成本，才能更好组织和带领农民合作社走联合发展的道路。联合社需通过整合资源、协调行动、强化投入、市场化运作、规范经营管理，才能提升价值创造能力，制定公正合理的"出资收益＋惠顾分红"盈余分配模式，从而有效激励成员社为联合社的持续发展作出贡献。

第八章 总结与展望

第一节 研究结论

针对我国农民合作社发展中出现的股份化色彩浓厚、各类没有产品交易的合作社大量涌现等异变现象，本书从农民合作社交易关系的视角出发，运用交易价值理论、交易成本理论以及博弈论等理论，构建了"交易关系构成－交易关系异变－交易关系治理"的研究架构，总结和提炼了农民合作社内部交易关系的构成内容、交易关系的异变机理、交易关系的适应性治理机制。主要结论如下：

（1）通过分析农民合作社内部交易关系的构建发现，由于资源禀赋差异，参与合作社构建的主体——惠顾者可划分为两类：直接惠顾者与间接惠顾者，其中直接惠顾者主要以劳动力和土地等资源参与农民合作社的构建；间接惠顾者主要以资金与技术等资源参与农民合作社的构建。进而，直接惠顾者与间接惠顾者存在两种交易关系：业务交易关系与治理交易关系。业务交易关系主要涉及直接惠顾者与间接惠顾者的具体交易内容。基于可否通过市场化定价，业务交易被划分为市场交易、非市场交易以及处于市场交易与非市场交易之间的状态。治理交易关系主要面向直接惠顾者与间接惠顾者。基于是否拥有合作社的所有权，治理交易可划分为所有权交易、非所有权交易以及介于这两者之间的状态。

（2）在探究农民合作社内部交易关系的基础上，运用交易成本与交易价值理论，分析农民合作社内部交易关系的异变。从规范意义上看，农民合作社是直接惠顾者自愿联合形成的合作组织，主要为直接惠顾者提供农业生产、销售等过程中的一系列服务。因此，在传统经典的农民合作社内部，业务交易关系与治理交易关系高度合一。然而，随着间接惠顾者参与农民合作社的建构，交易成本与交易价值发生了变化。因此，这导致业务交易关系与治理交易关系在直接惠顾者与间接惠顾者之间进行重新分配，从而导致合作社内部交易关系的异变。最终，合作社内部可能出现"有业务交易关系无治理交易关系"与"无业务交易关系有治理交易关系"的局面。

（3）在分析农民合作社内部交易关系异变的基础上，针对农民合作社内部交易关系异变导致的典型问题：直接惠顾者与间接惠顾者间的非货币资本出资作价问题，直接惠顾者与间接惠顾者间的信任问题，以及风险与盈余如何在直接惠顾者与间接惠顾者间进行分担的问题，以博弈理论为基础，提出了适应性的治理机制。研究表明：第三方评估机构虽然难以提高非货币资本的价格，但是能够提高直接惠顾者与间接惠顾者间非货币资本出资作价的效率；契约治理与关系治理相结合的混合治理机制能够有效破解直接惠顾者与间接惠顾者间的信任困境；"暂扣—次让利+实施风险分担"的组合分配机制有利于提高直接惠顾者与间接惠顾者参与合作社经营的动力与合作社的抗风险能力，促进合作社的可持续发展。

第二节　研究展望

为探究农民合作社异变背后的原因，本书从农民合作社内部交易关系的视角入手，构建了"交易关系构成 – 交易关系异变 – 交易关系治理"的研究架构，本书调查了农民合作社内部交易关系的构成内容与异变机理，进而针对交易关系异变导致的典型问题，提出了适应性的治理机制。然而，不可否认的是，其中存在一些研究的局限性，在未来的研究中还可以关注如下几个方面：

（1）对于惠顾者类型与农民合作社内部交易关系构成的探讨还可以继续。本书主要从资源禀赋、利益偏好及角色特征等三个方面对农民合作社的惠顾者进行了描述和刻画，并将其划分为直接惠顾者与间接惠顾者两大主要群体。然后，从出资参与、业务参与以及管理参与等三个方面，探讨了直接惠顾者与间接惠顾者间的两种交易关系：业务交易关系与治理交易关系。今后的研究可以从更多的维度对合作社的惠顾者作进一步划分，进而探究多类惠顾者构建的内部交易关系。

（2）关于内部交易关系异变对农民合作社绩效的影响，还需要更多的定量分析。由于本书旨在系统性探究农民合作社内部交易关系的构建、异变及治理，因此关于内部交易关系异变对农民合作社绩效的影响更多的是采用定性分析的方法。随着农民合作社经营管理活动的规范化和科学化程度的提高，农民合作社内部交易关系的测度指标变得多样化，进而可以使用实证研究进一步揭示内部交易关系异变与合作社绩效的具体关系。

（3）关于农民合作社内部交易关系异变的适应性治理机制也可以作进一步的探讨。本书主要针对内部交易关系异变下的非货币资本出资作价问题、信任问题以及盈余分配问题，提出了相应的治理机制。然而，合作社内部交易关系的异变还可能导致合作社内部"搭便车"行为的产生与治理结构的不完善，针对这些可能出现的问题，也需要探究相应的治理机制，以促进农民合作社的健康可持续发展。

（4）政府对农民合作社内部交易关系异变的影响还有待进一步探究。由于政府这一主体的特殊性，本书并没有将政府看作农民合作社的惠顾者，进而忽略了政府对农民合作社内部交易关系异变的影响。在实践发展中，政府对农民合作社的成长与演化起着至关重要的作用。那么，政府对农民合作社内部交易关系的异变有着何种影响？此外，政府又该采取什么样的政策来应对农民合作社内部交易关系的异变？这些都是值得进一步探究的重要问题。

参考文献

[1] AHADO S, HEJKRLÍK J, ENKHTUR A, et al. Does cooperative membership impact the yield and efficiency of smallholder farmers? Evidence from potato farmers in Mongolia [J]. China Agricultural Economic Review, 2021, 13 (4): 736-755.

[2] AHN S C, BRADA J C, MÉNDEZ J A. Effort, technology and the efficiency of agricultural cooperatives [J]. Journal of Development Studies, 2012, 48 (11): 1601-1616.

[3] ALHO E. Famers' Willingness to invest in new coorperative instruments: A choice experiment [J]. Annals of Public and Cooperative Economics, 2019, 90 (1): 161-186.

[4] An J, CHO S H, TANG C S. Aggregating smallholder farmers in emerging economies [J]. Production and Operations Management, 2015, 24 (9): 1414-1429.

[5] BACHKE M E. Do farmers' organizations enhance the welfare of smallholders? Findings from the Mozambican national agricultural survey [J]. Food Policy, 2019 (89).

[6] BERNARD T, TAFFESSE A S, GABRE-MADHIN E. Impact of cooperatives on smallholders' commercialization behavior: Evidence from Ethiopia [J]. Agricultural Economics, 2008, 39 (2): 147-161.

[7] BIJMAN J, ILIOPOULOS C. Farmers' cooperatives in the EU: Policies, strategies, and organization [J]. Annals of Public and Cooperative Economics, 2014, 85 (4): 497-508.

[8] CAI R, MA W L, SU Y. Effects of member size and selective incentives of agricultural cooperatives on product quality [J]. British Food Journal, 2016, 118 (4): 858–870.

[9] CAO Z, LUMINEAU F. Revisiting the interplay between contractual and relational governance: A qualitative and meta-analytic investigation [J]. Journal of Operations Management, 2015 (33–34): 15–42.

[10] CHADDAD F R, COOK M L, HECKELEI I T. Testing for the presence of financial constraints in US agricultural cooperatives: An investment behaviour approach [J]. Journal of Agricultural Economics, 2005, 56 (3): 385–397.

[11] CHAGWIZA C, MURADIAN R, RUBEN R. Cooperative membership and dairy performance among smallholders in Ethiopia [J]. Food Policy, 2016 (59): 165–173.

[12] ENKE S. Consumer cooperatives and economic efficiency [J]. The American Economic Review, 1945, 35 (1): 148–154.

[13] FEYISA D A. The role of agricultural cooperatives in risk management and impact on farm income: Evidence from Southern Ethiopia [J]. Journal of Economics and Sustainable Development, 2016 (7): 89–99.

[14] FISCHER E, QAIM M. Linking smallholders to markets: Determinants and impacts of farmer collective action in Kenya [J]. World Development, 2012, 40 (6): 1255–1268.

[15] GEZAHEGN T W, PASSEL S V, BERHANU T, et al. Big is efficient: Evidence from agricultural cooperatives in Ethiopia [J]. Agricultural Economics, 2019, 50 (5): 555–566.

[16] GRASHUIS J, COOK M L. A structural equation model of cooperative member satisfaction and long-term commitment [J]. International Food and Agribusiness Management Review, 2019, 22 (2): 247–263.

[17] GRASHUIS J, SU Y. A review of the empirical literature on farmer cooperatives: Performance, ownership and governance, finance, and member attitude [J]. Annals of Public and Cooperative Economics, 2019, 90 (1): 77-102.

[18] GRASHUIS J. An exploratory study of cooperative survival: Strategic adaptation to external developments [J]. Sustainability, 2018, 10 (3): 652.

[19] HENDRIKSE G, BIJMAN J. Ownership structure in agrifood chains: The marketing cooperative [J]. American Journal of Agricultural Economics, 2002, 84 (1): 104-119.

[20] HIGUCHI A, C D, ARIAS-GUTICRREZD R, et al. Farmer satisfaction and cocoa cooperative performance: Evidence from Tocache, Peru [J]. International Food and Agribusiness Management Review, 2020, 23 (2): 217-234.

[21] HÖHLER J, KÜHL R. Dimensions of member heterogeneity in cooperatives and their impact on organization – a literature review [J]. Annals of Public and Cooperative Economics, 2018, 89 (4): 696-712.

[22] ITO J, BAO Z S, SU Q. Distributional effects of agricultural cooperatives in China: Exclusion of smallholders and potential gains on participation [J]. Food Policy, 2012, 37 (6): 700-709.

[23] KUMAR A, SAROJ S, JOSHI P K, et al. Does cooperative membership improve household welfare? Evidence from a panel data analysis of smallholder dairy farmers in Bihar, India [J]. Food Policy, 2018 (75): 24-36.

[24] LIANG Q, BAI R, JIN Z, et al. Big and strong or small and beautiful: Effects of organization size on the performance of farmer cooperatives in China [J]. Agribusiness, 2023, 39 (1): 196-213.

[25] LIANG Q, LU H, DENG W. Between social capital and formal governance

in farmer cooperatives: Evidence from China [J]. Outlook on Agriculture, 2018, 47 (3): 196-203.

[26] LIGON E. Risk management in the cooperative contract [J]. American Journal of Agricultural Economics, 2009, 91 (5): 1211-1217.

[27] LIU H L. The tripartite evolutionary game of green agro-product supply in an agricultural industrialization consortium [J]. Sustainability, 2022, 14 (18).

[28] LIU Z M, YANG D, WEN T. Agricultural production mode transformation and production efficiency: A labor division and cooperation lens [J]. China Agricultural Economic Review, 2019, 11 (1): 160-179.

[29] MA W L, RENWICK A, YUAN P, et al. Agricultural cooperative membership and technical efficiency of apple farmers in China: An analysis accounting for selectivity bias [J]. Food Policy, 2018 (81): 122-132.

[30] MA W, ABDULAI A. Does cooperative membership improve household welfare? Evidence from apple farmers in China [J]. Food Policy, 2016 (58): 94-102.

[31] MALO M C, VÉZINA M. Governance and management of collective user-based enterprises: Value-creation strategies and organizational configurations [J]. Annals of Public & Cooperative Economics, 2004, 75 (1): 113-137.

[32] MATHUVA D M, MBOYA J K, MCFIE J B. Achieving legitimacy through cooperative governance and social and environmental disclosure by credit unions in a developing country [J]. Journal of Applied Accounting Research, 2017, 18 (2): 162-184.

[33] MILINSKI M, SEMMANN D, KRAMBECK H J. Reputation helps solve the "tragedy of the commons" [J]. Nature, 2002, 415 (6870): 424-426.

[34] MINAH M. What is the influence of government programs on farmer organizations and their impacts? Evidence from Zambia [J]. Annals of Public and Cooperative Economics, 2022, 93 (1): 29-53.

[35] MOJO D, FISCHER C, DEGEFA T. The determinants and economic impacts of membership in coffee farmer cooperatives: Recent evidence from rural Ethiopia [J]. Journal of Rural Studies, 2017 (50): 84–94.

[36] MWAURA F. Effect of farmer group membership on agricultural technology adoption and crop productivity in Uganda [J]. African Crop Science Journal, 2014, 22 (s4): 917–927.

[37] NYYSSÖLÄ M, PIRTTILÄ J, SANDSTRÖM S. Technology adoption and food security in subsistence agriculture: Evidence from a group-based aid project in Mozambique [J]. Finnish Economic Papers, 2014, 27 (1): 1–33.

[38] PENG X, LIANG Q, DENG W D, et al. CEOs versus members' evaluation of cooperative performance: Evidence from China [J]. Social Science Journal, 2020, 57 (2): 219–229.

[39] ROSS S A. The economic theory of agency: The principal's problem [J]. The American Economic Review, 1973 (63): 134–139.

[40] ROYER J S. Cooperative organizational strategies: A neo-institutional digest, Journal of Cooperatives [J]. Journal of Co-operatives, 1999 (14): 44–67.

[41] SARKER S, BISWAS T, MALTA M C, et al. A coalition formation framework of smallholder farmers in an agricultural cooperative [J]. Expert Systems with Applications, 2023 (221).

[42] SEVINC M R. Farmers' perception of agricultural cooperatives: The case of Sanliurfa, Turkey [J]. Ciência Rural, 2021, 51 (3).

[43] SHAFFER J, HAMM L G, RHODES V J, et al. Farmer cooperative theory: Recent developments [R]. ACS Research Reports, Washington D C: USDA, 1989 (84).

[44] SHEN Y, WANG J M, WANG L Y, et al. How do cooperatives alleviate poverty of farmers? Evidence from rural China [J]. Land, 2022, 11 (10).

[45] SHUMETA Z, HAESE M D. Do coffee cooperatives benefit farmers? An exploration of heterogeneous impact of coffee cooperative membership in Southwest Ethiopia [J]. International Food and Agribusiness Management Review, 2016, 19 (4): 37–52.

[46] SILVA F F D, BAGGIO D K, SANTOS D F L. Governance and performance model for agricultural cooperatives [J]. Estudios Gerenciales, 2022, 38 (165): 464–478.

[47] SOKCHEA A, CULAS R J. Impact of contract farming with farmer organizations on farmers' income: A case study of reasmey stung sen agricultural development cooperative in cambodia [J]. Australasian Agribusiness Review, 2015 (23): 1–11.

[48] SPIELMAN D J, BYERLEE D, ALEMU D, et al. Policies to promote cereal intensification in Ethiopia: The search for appropriate public and private roles [J]. Food Policy, 2010, 35 (3): 185–194.

[49] TENG Y, PANG B Y, WEI J B, et al. Behavioral decision-making of the government, farmer-specialized cooperatives, and farmers regarding the quality and safety of agricultural products [J]. Frontiers in Public Health, 2022 (10).

[50] TREJO-PECH C O, SERVÍN-JUÁREZ R, Reyes-Duarte A. What sets cooperative farmers apart from non-cooperative farmers? A transaction cost economics analysis of coffee farmers in Mexico [J]. Agricultural and Food Economics, 2023, 11 (1).

[51] WANG J Y, WANG Y P. Economic performance of rural collective-owned cooperatives: Determinants and influence mechanism [J]. Annals of Public and Cooperative Economics, 2023.

[52] WU F, GUO X B, GUO X. The impact of cooperative membership on family farms' income: Evidence from China [J]. Applied Economics, 2023, 55

（55）：6520-6537.

[53] XU L Y, ZHOU Z Y, DU J G. An evolutionary game model for the multi-agent co-governance of agricultural non-point source pollution control under intensive management pattern in China [J]. International Journal of Environmental Research and Public Health, 2020, 17（7）.

[54] YANG D, ZHANG H W, LIU Z M, et al. Do cooperatives participation and technology adoption improve farmers' welfare in China? A joint analysis accounting for selection bias [J] Journal of Integrative Agriculture, 2021, 20（6）：1716-1726.

[55] YU L L, CHEN C, NIU Z H, et al. Risk aversion, cooperative membership and the adoption of green control techniques: Evidence from China [J]. Journal of Cleaner Production, 2021（279）.

[56] ZENG L J, WAN J Y, HE Q Y. Member commitment in farmers' cooperatives in China: The role of contractual and relational governance mechanisms [J]. Plos One, 2023, 18（7）.

[57] ZHANG Y, HUANG Z H. Identifying risks inherent in farmer cooperatives in China [J]. China Agricultural Economic Review, 2014, 6（2）：335-354.

[58] ZOU Y, WANG Q B. Impacts of farmer cooperative membership on household income and inequality: Evidence from a household survey in China [J]. Agricultural and Food Economics, 2022, 10（1）.

[59] 曹裕, 刘瀛之, 易超群. 农民合作社的品牌企业引进策略研究 [J]. 运筹与管理, 2023, 32（3）：213-219.

[60] 曾明星, 杨宗锦. 农民专业合作社利益分配模型研究 [J]. 华东经济管理, 2011, 25（3）：68-70.

[61] 陈国权, 毛益民. 腐败裂变式扩散：一种社会交换分析 [J]. 浙江大学学报（人文社会科学版），2013, 43（2）：5-13.

[62] 陈健,苏志豪.小农户与现代农业有机衔接:结构、模式与发展走向——基于供给侧结构改革的视角[J].南京农业大学学报(社会科学版),2019,19(5):74-85,157.

[63] 陈金龙,占永志.第三方供应链金融的双边讨价还价博弈模型[J].管理科学学报,2018,(2):91-103.

[64] 陈荣.农民专业合作社发展中的信任缺失分析:基于广东省清远市的实地调研[J].农业科技管理,2016,35(6):69-71.

[65] 陈文,张旭锋,李冬杰.陕西合作社联合探索与思考[J].农村经营管理,2012(4):23-24.

[66] 崔宝玉,刘丽珍.交易类型与农民专业合作社治理机制[J].中国农村观察,2017(4):17-31.

[67] 崔宝玉,马康伟,刘艳.政府扶持能增进农民合作社的绩效吗:来自皖省395家国家级示范社的证据[J].农村经济,2023(7):113-122.

[68] 崔宝玉,孙迪."关系产权"的边界与运行逻辑:安徽省L农民合作社联合社个案研究[J].中国农村经济,2018(10):39-52.

[69] 崔宝玉,王孝璐,孙迪.农民合作社联合社的设立与演化机制:基于组织生态学的讨论[J].中国农村经济,2020(10):111-130.

[70] 崔宝玉.农民专业合作社治理结构与资本控制[J].改革,2010(10):109-114.

[71] 邓衡山,孔丽萍,廖小静.合作社的本质规定与政策反思[J].中国农村观察,2022(3):32-48.

[72] 邓衡山,王文烂.合作社的本质规定与现实检视:中国到底有没有真正的农民合作社[J].中国农村经济,2014(7):15-26,38.

[73] 董莹,穆月英.合作社对小农户生产要素配置与管理能力的作用:基于PSM-SFA模型的实证[J].农业技术经济,2019(10):64-73.

[74] 高海.论农民专业合作社成员出资的继承[J].农业经济问题,2021(2):

65-74.

[75] 郭锦墉, 黄强, 徐磊. 农民合作社"农超对接"参与意愿与程度的影响因素研究: 基于交易费用与江西的抽样调查[J]. 农林经济管理学报, 2018, 17 (4): 374-381.

[76] 郭翔宇, 姚江南, 李桃. 农民专业合作社效率测度及其影响因素的组态分析: 基于东北三省120家粮食种植合作社的调查数据[J]. 农村经济, 2023 (1): 137-144.

[77] 郭晓鸣, 廖祖君. 公司领办型合作社的形成机理与制度特征: 以四川省邛崃市金利猪业合作社为例[J]. 中国农村观察, 2010 (5): 48-55, 84.

[78] 郭新悦, 胡鸿韬, 李军涛. 考虑冷藏温度的生鲜产品双渠道供应链定价和冷藏决策[J]. 工业工程与管理, 2024, 29 (1): 62-71.

[79] 国鲁来. 合作社制度及专业协会实践的制度经济学分析[J]. 中国农村观察, 2001 (4): 36-48.

[80] 何慧丽, 杨光耀. 农民合作社: 一种典型的本土化社会企业[J]. 中国农业大学学报 (社会科学版), 2019, 36 (3): 127-136.

[81] 黄斌, 张琛, 孔祥智. 联合社组织模式与合作稳定性: 基于行动理论视角[J]. 农业经济问题, 2020 (10): 122-134.

[82] 黄胜忠, 伏红勇. 公司领办的农民合作社: 社会交换、信任困境与混合治理[J]. 农业经济问题, 2019 (2): 53-62.

[83] 黄胜忠, 伏红勇. 成员异质性、风险分担与农民专业合作社的盈余分配[J]. 农业经济问题, 2014 (8): 57-64, 111.

[84] 教军章, 张雅茹. 社会资本影响制度发展的作用机理探究[J]. 理论探讨, 2018 (6): 155-161.

[85] 孔凡宏, 张继平. 我国农民专业合作社未来发展模式的应然路向: 基于目标与环境的考量[J]. 华东理工大学学报 (社会科学版), 2015, 30 (2): 67-75.

［86］孔祥智，黄斌.农民合作社联合社运行机制研究［J］.东岳论丛，2021，42（4）：5-16，191.

［87］孔祥智，岳振飞，张琛.合作社联合的本质：一个交易成本解释框架及其应用［J］.新疆师范大学学报（哲学社会科学版），2018，39（1）：100-106.

［88］孔祥智，周振.规模扩张、要素匹配与合作社演进［J］.东岳论丛，2017，38（1）：41-53.

［89］来晓东，杜志雄，郜亮亮.加入合作社对粮食类家庭农场收入影响的实证分析：基于全国644家粮食类家庭农场面板数据［J］.南京农业大学学报（社会科学版），2021，21（1）：143-154.

［90］兰岚.农产品供应链中农民专业合作社利益协调机制研究［J］.农业经济，2019（10）：20-21.

［91］李琳琳，任大鹏.不稳定的边界：合作社成员边界游移现象的研究［J］.东岳论丛，2014，35（4）：93-98.

［92］李璞玉.农民专业合作社的融资难题及其对策［J］.农村经济，2013（5）：117-120.

［93］李文杰，胡霞.为何农民合作社未成为"弱者联合"而由"强者主导"：基于农民合作社组建模式的实现条件分析［J］.中国经济问题，2021（2）：59-67.

［94］李晓锦，刘易勤.农民专业合作社内部信任与合作形成的关系基础研究：基于浙江省的实证分析［J］.财经论丛，2015（5）：83-89.

［95］李莹."农超对接"深入开展所面临挑战及对策措施［J］.安徽农业科学，2012，40（7）：4341-4343.

［96］李云新，王晓璇.农民专业合作社行为扭曲现象及其解释［J］.农业经济问题，2017，38（4）：14-22，110.

［97］梁巧，黄祖辉.关于合作社研究的理论和分析框架：一个综述［J］.经济

学家, 2011 (12): 77-85.

[98] 梁巧, 王鑫鑫. 我国农民合作社设立机制: 基于产业组织生态学理论的探讨 [J]. 经济理论与经济管理, 2014 (7): 101-112.

[99] 梁巧, 吴闻, 刘敏, 等. 社会资本对农民合作社社员参与行为及绩效的影响 [J]. 农业经济问题, 2014, 35 (11): 71-79, 111.

[100] 梁清华, 王洲. 论土地经营权入股保底收益的法律实现路径 [J]. 宏观经济研究, 2020 (6): 153-158.

[101] 刘浩, 刘宇荧, 傅新红. 合作社标准化生产服务能够提升农户收入吗 [J]. 农村经济, 2021 (12): 55-62.

[102] 刘岭, 欧璟华, 洪涛, 等. 理事长利他精神与农民专业合作社发展: 基于重庆市开州区田野调查案例的分析 [J]. 中国农村经济, 2022 (1): 76-92.

[103] 刘同山, 周振, 孔祥智. 实证分析农民合作社联合社成立动因、发展类型及问题 [J]. 农村经济, 2014 (4): 7-12.

[104] 刘雪梅. 联盟组合: 价值创造与治理机制 [J]. 中国工业经济, 2012 (6): 70-82.

[105] 刘勇. 西方农业合作社理论文献综述 [J]. 华南农业大学学报 (社会科学版), 2009, 8 (4): 54-63.

[106] 刘振滨. 河北生鲜蔬菜农超对接中存在的问题及政策建议 [J]. 中国农学通报, 2012, 28 (17): 221-225.

[107] 罗千峰, 罗增海. 合作社再组织化的实现路径与增效机制: 基于青海省三家生态畜牧业合作社的案例分析 [J]. 中国农村观察, 2022 (1): 91-106.

[108] 吕晨光, 杨继瑞, 谢菁. 我国农村土地流转的动因分析及实践探索 [J]. 经济体制改革, 2013 (6): 73-77.

[109] 马彦丽. 公司领办的合作社为何难以规范 [J]. 南京农业大学学报 (社

会科学版),2023,23(5):105-118.

[110] 梅付春,黄笑,黄松.农民专业合作社联合社发展动力与障碍的经济学分析[J].河南农业大学学报,2020,54(4):711-717.

[111] 米新丽.论农民专业合作社的盈余分配制度:兼评我国《农民专业合作社法》相关规定[J].法律科学(西北政法大学学报),2008(6):89-96.

[112] 苗珊珊.社会资本多维异质性视角下农户小型水利设施合作参与行为研究[J].中国人口·资源与环境,2014,24(12):46-54.

[113] 裴宝莉.土地经营权入股制度之法律问题分析与对策探讨[J].农业经济,2020(11):23-24.

[114] 平瑛,贾杰斐.中国合作社社员资格制度界定与完善:基于博弈论和对新合作社法的思考[J].农林经济管理学报,2019,18(1):80-87.

[115] 钱昭英,徐大佑.供销合作社农产品流通模式优化路径探讨[J].商业经济研究,2020(24):21-23.

[116] 乔慧,刘爽,郑风田.信贷支持能否促进农民专业合作社实现纵向一体化发展:基于1222个农民专业合作社的调查[J].经济与管理,2023,37(4):1-9.

[117] 曲承乐,任大鹏.农民专业合作社利益分配困境及对策分析:惠顾返还与资本报酬有限原则本土化的思考[J].农业经济问题,2019(3):100-107.

[118] 任大鹏,陈吉平,吕晓娟.农民合作社治理僵局:何为、为何与何如[J].农村经济,2022(12):88-97.

[119] 任大鹏,郭海霞.多主体干预下的合作社发展态势[J].农村经营管理,2009(3):22-24.

[120] 任大鹏,于欣慧.论合作社惠顾返还原则的价值:对"一次让利"替代二次返利的质疑[J].农业经济问题,2013,34(2):44-48,110.

[121] 邵兰童, 张宗毅, 张萌. 合作社新技术采纳机理与实证分析: 基于订单需求的中介效应[J]. 世界农业, 2023 (2): 116-128.

[122] 盛安琪, 耿献辉, 周应恒. 产权视角下农民合作社剩余控制权优化配置研究[J]. 哈尔滨商业大学学报 (社会科学版), 2023 (3): 100-114.

[123] 施晟, 卫龙宝, 伍骏骞. "农超对接"进程中农产品供应链的合作绩效与剩余分配: 基于"农户+合作社+超市"模式的分析[J]. 中国农村观察, 2012 (4): 14-28, 92-93.

[124] 史恒通, 睢党臣, 吴海霞, 等. 社会资本对农户参与流域生态治理行为的影响: 以黑河流域为例[J]. 中国农村经济, 2018 (1): 34-45.

[125] 史文倩, 张红丽. "农超对接"模式下参与主体收益分配分析: 以"农户+合作社+超市"模式为例[J]. 江苏农业科学, 2016, 44 (3): 466-470.

[126] 史雨星, 姚柳杨, 赵敏娟. 社会资本对牧户参与草场社区治理意愿的影响: 基于Triple-Hurdle模型的分析[J]. 中国农村观察, 2018 (3): 35-50.

[127] 宋洪远, 石宝峰, 吴比. 新型农业经营主体基本特征、融资需求和政策含义[J]. 农村经济, 2020 (10): 73-80.

[128] 宋茂华. 资产专用性、纵向一体化和农民专业合作社: 对公司领办型合作社的解析[J]. 经济经纬, 2013 (5): 35-41.

[129] 苏群, 江淑斌, 刘明轩. 农户参与专业合作社的影响因素分析[J]. 江西社会科学, 2012, 32 (9): 197-200.

[130] 孙东升, 孔凡丕, 陈学渊. 小农户与现代农业衔接的经验、启示与建议[J]. 农业经济问题, 2019 (4): 46-50.

[131] 孙艳华. 农民专业合作社社员信任关系研究: 基于湖南省生猪行业的调研与分析[J]. 农业经济问题, 2014, 35 (7): 68-75, 111-112.

[132] 孙月蓉, 韩克勇. 土地承包经营权入股合作社考察[J]. 开放导报, 2015

(5): 73-76.

[133] 谭银清, 王钊. 资本集中必然导致合作社民主管理异化吗: 基于重庆市163家种植合作社的调查与分析[J]. 农村经济, 2018 (3): 118-123.

[134] 谭智心. 农民合作社的再联合[J]. 农村工作通讯, 2016 (14): 7-10.

[135] 唐宗焜. 中国合作社政策与立法导向问题: 国际劳工组织《合作社促进建议书》对中国的意义[J]. 经济研究参考, 2003 (43): 2-23.

[136] 田艳丽, 修长柏. 牧民专业合作社利益分配机制的构建: 生命周期视角[J]. 农业经济问题, 2012, 33 (9): 70-76, 111-112.

[137] 万江红, 耿玉芳. 合作社的人际信任和系统信任研究[J]. 农业经济问题, 2015, 36 (7): 80-87, 111-112.

[138] 万俊毅, 曾丽军. 合作社类型、治理机制与经营绩效[J]. 中国农村经济, 2020 (2): 30-45.

[139] 王国平. 农村土地经营权入股农民合作社相关问题研究[J]. 农业部管理干部学院学报, 2019 (1): 51-56.

[140] 王虹, 孙玉玲. 生鲜农产品供应链全渠道运营模式分析[J]. 工业工程, 2019, 22 (6): 74-79, 109.

[141] 王辉, 金子健. 新型农村集体经济组织的自主治理和社会连带机制: 浙江何斯路村草根休闲合作社案例分析[J]. 中国农村经济, 2022 (7): 18-37.

[142] 王军, 曹斌. 政府支持农民合作社参与产业扶贫的机制、困境与出路[J]. 中国社会科学院研究生院学报, 2019 (5): 40-48.

[143] 王军, 李霖, 刘亚辉. 农民合作社组建联合社的影响因素分析[J]. 农业现代化研究, 2021, 42 (4): 703-712.

[144] 王军. 公司领办的合作社中公司与农户的关系研究[J]. 中国农村观察, 2009 (4): 20-25.

[145] 王琳琳. 土地经营权入股法律问题研究[J]. 中国政法大学学报, 2020

（6）：90-102，207-208.

[146] 王生斌，王保山. 农民合作社带头人的"企业家精神"：理论模型与案例检验[J]. 中国农村观察，2021（5）：92-109.

[147] 王颜齐，何洋. 城乡关系演变视域下的农民合作社异化：表现属性、底层逻辑与矫正路径[J]. 现代经济探讨，2023（9）：86-97.

[148] 王英，董文心，张悦，等. 基于农民专业合作社的农产品供应链运作模式分析[J]. 农业经济，2018（4）：126-128.

[149] 吴义茂. 土地承包经营权入股与农民专业合作社的法律兼容性[J]. 中国土地科学，2011（7）：31-36.

[150] 吴植栋，郭萍，郑沃林. 农民专业合作社再联合的羊群行为[J]. 世界农业，2022，515（3）：74-84.

[151] 夏冬泓，杨杰. 合作社收益及其归属新探[J]. 农业经济问题，2010，31（4）：33-40，110.

[152] 肖荣荣，任大鹏. 合作社资本化的解释框架及其发展趋势：基于资本短缺视角[J]. 农业经济问题，2020（7）：108-117.

[153] 徐鹏，陈晓旭，黄胜忠. 基于农产品供应链金融的物流作业承接双边讨价还价博弈[J]. 系统管理学报，2019（3）：569-578.

[154] 徐勤航，高延雷，诸培新. 小农户组织化获取农业生产性服务与收入增长：来自微观农户调查的证据[J]. 农村经济，2023（1）：117-126.

[155] 徐旭初，金建东. 联合社何以可能：基于典型个案的实践逻辑研究[J]. 农业经济问题，2021（1）：107-120.

[156] 徐旭初，吴彬. 异化抑或创新：对中国农民合作社特殊性的理论思考[J]. 中国农村经济，2017（12）：2-17.

[157] 徐旭初. 农民专业合作：基于组织能力的产权安排——对浙江省农民专业合作社产权安排的一种解释[J]. 浙江学刊，2006（3）：177-182.

[158] 许英，吴越. 农民专业合作社成员出资制度反思与重构：以土地承包经

营权作价出资为研究重心［J］.农村经济,2013（10）:116-120.

[159] 杨丹,程丹,邓明艳.从全面脱贫到乡村振兴:合作社的跨期贫困治理逻辑——基于是否脱贫摘帽区的多案例比较分析［J］.农业经济问题,2023（8）:60-72.

[160] 杨红朝.土地承包经营权入股农民专业合作社法律问题探讨［J］.河北法学,2011（6）:26-32.

[161] 杨洁.权利不对等条件下的"农超对接"收益分配［J］.农业经济问题,2019（7）:93-102.

[162] 于福波,张应良.基层党组织领办型合作社运行机理与治理效应［J］.西北农林科技大学学报（社会科学版）,2021,21（5）:54-64.

[163] 于新循,薛贤琼.论"空壳社"的破产退出:基于土地经营权入股的考量［J］.四川师范大学学报（社会科学版）,2021（4）:87-94.

[164] 苑鹏.农民专业合作社联合社发展的探析:以北京市密云县奶牛合作联社为例［J］.中国农村经济,2008（8）:44-51.

[165] 苑鹏.对公司领办的农民专业合作社的探讨:以北京圣泽林梨专业合作社为例［J］.管理世界,2008（7）:62-69.

[166] 张琛,孔祥智.组织合法性、风险规避与联合社合作稳定性［J］.农业经济问题,2018（3）:46-55.

[167] 张琛,赵昶,孔祥智.农民专业合作社的再联合［J］.西北农林科技大学学报（社会科学版）,2019,19（3）:96-103.

[168] 张闯,夏春玉,梁守砚.关系交换、治理机制与交易绩效:基于蔬菜流通渠道的比较案例研究［J］.管理世界,2009（8）:124-140,156,188.

[169] 张德峰.论合作社资本报酬上限的立法设置［J］.法学评论,2023,41（3）:80-88.

[170] 张连刚,陈卓.农民专业合作社提升了农户社会资本吗:基于云南省506份农户调查数据的实证分析［J］.中国农村观察,2021（1）:106-121.

[171] 张晓山. 农民专业合作社的发展趋势探析 [J]. 管理世界, 2009 (5): 89-96.

[172] 张笑寒, 汤晓倩. 农民专业合作社联合社成员"搭便车"行为研究: 基于演化博弈视角 [J]. 华中农业大学学报 (社会科学版), 2019 (4): 45-53, 171.

[173] 张益丰, 孙运兴. "空壳"合作社的形成与合作社异化的机理及纠偏研究 [J]. 农业经济问题, 2020 (8): 103-114.

[174] 张永兵. 合作社基本原则嬗变与评价标准重构 [J]. 湖南社会科学, 2014 (2): 119-123.

[175] 郑风田, 崔梦怡, 郭宇桥, 等. 家庭农场领办合作社对农场绩效的影响: 基于全国556个家庭农场两期追踪调查数据的实证分析 [J]. 中国农村观察, 2022 (5): 80-103.

[176] 郑鹏, 李崇光. "农超对接"中合作社的盈余分配及规制: 基于中西部五省市参与"农超对接"合作社的调查数据 [J]. 农业经济问题, 2012, 33 (9): 77-85, 112.

[177] 郑琪, 范体军, 张磊. "农超对接"模式下生鲜农产品收益共享契约 [J]. 系统管理学报, 2019, 28 (4): 742-751.

[178] 周杰, 黄胜忠. 农民专业合作社联合模式分析: 基于交易价值视角 [J]. 西北农林科技大学学报 (社会科学版), 2014, 14 (6): 40-44, 75.

[179] 周涛, 吕圆圆, 周亚萍. "农超对接"双渠道生鲜农产品供应链协调研究: 基于不同主体保鲜努力视角 [J]. 管理现代化, 2022, 42 (1): 8-16.

[180] 周振, 孔祥智. 盈余分配方式对农民合作社经营绩效的影响: 以黑龙江省克山县仁发农机合作社为例 [J]. 中国农村观察, 2015 (5): 19-30.

[181] 朱鹏, 郑军, 张明月, 等. 参加合作社能否促进粮农的绿色生产技术采纳行为: 基于内生动力和外部约束视角 [J]. 世界农业, 2022 (11):

71-82.

［182］朱哲毅，邓衡山，廖小静.资本投入、利益分配与合作社生产性集体投资［J］.农业经济问题，2019（3）：120-128.